Theod. de Saussure, A. Wieler

Chemische Untersuchungen über die Vegetation

Zweite Hälfte

Theod. de Saussure, A. Wieler

Chemische Untersuchungen über die Vegetation
Zweite Hälfte

ISBN/EAN: 9783743401235

Hergestellt in Europa, USA, Kanada, Australien, Japan

Cover: Foto ©Andreas Hilbeck / pixelio.de

Manufactured and distributed by brebook publishing software (www.brebook.com)

Theod. de Saussure, A. Wieler

Chemische Untersuchungen über die Vegetation

Fünftes Kapitel.
Vom Humus.

§ 1.
Untersuchungen über die Zusammensetzung des Humus.

Ich verstehe unter dem Namen Humus jene schwarze Substanz, mit welcher sich die todten Gewächse bedecken, wenn sie der vereinigten Wirkung des Sauerstoffgases und des Wassers ausgesetzt sind. Die Versuche, über welche ich im vorhergehenden Kapitel berichtet habe, bezweckten, den Nachweis zu führen, dass diese Substanz nicht das Ergebniss einer Verbindung des Sauerstoffgases mit der todten Pflanze, sondern der Ueberrest des Gewächses nach Abzug einiger seiner Bestandtheile ist.

Für die meisten meiner Untersuchungen benutzte ich fast reinen Humus, der durch ein enges Sieb von dem grössten Theil der nicht zersetzten, mit ihm immer vermischten Pflanzentheile befreit wurde. Er enthielt kaum etwas anderes als die mineralischen Bestandtheile, welche aus der Pflanze, die sie gebildet hatte, stammten. Ich nahm ihn von hohen Felsen oder aus Baumstämmen, wo er durch fremde Substanzen, welche der Zugang von Thieren, der Dünger und der Absatz von Quellen gewöhnlich in den Boden einführen, nicht verändert werden konnte. Diese Humusarten scheinen mir fruchtbar zu sein, besonders wenn sie mit einer grossen Menge Sand oder Kies vermischt sind, der den Wurzeln als Stütze dient und dem Sauerstoffgas Zutritt gestattet; doch nehme ich den Humus aus, welcher sich im Stamm gewisser Bäume wie der Eiche bildet. Wenn das Wasser keinen Abfluss hat, so ist der Humus mit einer überreichlichen Menge Extractivstoffe beladen, welche die Gefässe der Pflanzen verstopfen. Diese löslichen Bestandtheile stammen in diesem Falle nicht in ihrer Gesammtheit aus dem Humus selbst, sondern zum Theil aus dem lebenden Baume und sind dann nicht für die Ernährung aller Gewächse geeignet.

Die folgenden Operationen geben uns einen Ueberblick über die Verschiedenheiten, welche man im Allgemeinen zwischen der

Zusammensetzung des Humus und derjenigen der Pflanzen, aus welchen er stammt, beobachten kann.

[**164** Destillation des Eichenholzes. 10,614 Gramm (200 Gran) trockenes Eichenholz lieferten bei der bis zur Glühhitze fortgesetzten Destillation in einer zugekitteten Glasretorte 229,3 Cubikcentimeter (116 Cubikzoll) Kohlenwasserstoffgas + 575 Cubikcentimeter (29 Cubikzoll) kohlensaures Gas + 4,25 Gramm (80 Gran) Wasser, welches holzessigsaures Ammoniak mit einem Ueberschuss an Holzessig in Lösung hielt, + 589 Milligramm (13 Gran) brenzliches bituminöses Oel. Die in der Retorte verbleibende Kohle wog 2,23 Gramm (12 Gran); sie enthielt 26 Milligramm (½ Gran) Asche.

Destillation von braunem Humus aus Eichenholz. 10,614 Gramm (200 Gran) trockener Humus aus Eichenholz, welcher wie das vorhergehende Holz destillirt wurde, gaben 2456 Cubikcentimeter (121 Cubikzoll) Kohlenwasserstoffgas + 673 Cubikcentimeter (31 Cubikzoll) kohlensaures Gas + 2,81 Gramm (53 Gran) Wasser, das holzessigsaures und kohlensaures Ammoniak gelöst enthielt, + 530 Milligramm (10 Gran) brenzliches bituminöses Oel. Die in der Retorte verbleibende Kohle wog 3,13 Gramm (59 Gran); sie enthielt 424 Milligramm (8 Gran) Asche.

[**165** Destillation ganzer Pflanzen von Rhododendron ferrugineum. 10,614 Gramm getrocknete Pflanzen lieferten nach der Destillation in einer zugeschmolzenen Glasretorte bis zur Glühhitze 1982 Cubikcentimeter (100 Cubikzoll) Kohlenwasserstoffgas + 631 Cubikcentimeter (32 Cubikzoll) kohlensaures Gas + 3,34 Gramm (63 Gran) Wasser, welches holzessigsaures Ammoniak mit einem Ueberschuss an Holzessig enthielt, + 1,7 Gramm (32 Gran) brenzliches bituminöses Oel. Die in der Retorte zurückgebliebene Kohle wog 2,813 Gramm (53 Gran); sie enthielt 159 Milligramm (3 Gran) Asche.

Destillation des schwarzen Humus von obigem Rhododendron. 10,614 Gramm (200 Gran) des getrockneten und bis zur Glühhitze destillirten Humus lieferten 2040 Cubikcentimeter (103 Cubikzoll) Kohlenwasserstoffgas + 673 Cubikcentimeter (34 Cubikzoll) kohlensaures Gas + 3 Gramm (57 Gran) Wasser, welches holzessigsaures und kohlensaures Ammoniak enthielt, + 557 Milligramm (11 Gran) brenzliches bituminöses Oel. Die Kohle des Destillationsrückstandes wog 3,15 Gramm (65 Gran); sie enthielt 689 Milligramm (13 Gran) Asche.

Die Destillation des Humus von Gras und von der Tanne, sowie die dieser Pflanzen selbst, [166] lieferte mir Producte, welche die nämlichen Unterschiede darbieten. Hieraus geht hervor, dass die unzersetzten Gewächse bei gleichem Gewichte mehr Sauerstoffgas und weniger Kohlenstoff als ihr Humus enthalten; wir wissen jedoch nicht, ob der Kohlenstoff in demselben gänzlich an die anderen Bestandtheile gebunden ist.

Das Stickgas findet sich in viel grösserem Verhältniss in dem Humus als in der unzersetzten Pflanze. Dies Ergebniss kann nicht überraschen, da die in Berührung mit der Luft gährenden Gewächse fast kein Stickgas entwickeln. Indessen kann man nicht dieser einzigen Ursache alles kohlensaure Ammoniak zuschreiben, welches ich bei der Destillation erhielt; ohne Zweifel rührt es zum Theil von den Insecten her, welche im Humus leben und ihre Abfälle in demselben zurücklassen.

Der berühmte *Klaproth* gewann bei der Destillation des Torfs Producte*), welche unzweifelhaft nur sehr wenig Stickgas enthielten, weil der Holzessig in überreicher Menge vorhanden war. Aber der Torf kann nicht als ein wirklicher Humus betrachtet werden. Er ist der Rückstand bei der im stagnirenden Wasser und zum Theil ohne Berührung mit Luft stattfindenden Zersetzung der Gewächse; 167] denn in diesem Fall entwickeln sie Stickstoff in der Gestalt eines Gases. Der Torf scheint eine geringere Menge Kohlenstoff zu enthalten, als der ausgebildete Humus. Man vergleiche die Verkohlungen des Humus Nr. 8, 15 und 19 mit denen des Torfes Nr. 32 und folgende in der diesem Kapitel angehängten Tabelle.

Die Säuren äussern in einem Gemisch mit Humus keine merkliche Wirkung, sie rufen in demselben kein Aufbrausen hervor, sie lösen den Humus nicht vollständig, sie beladen sich mit einem Theile des Eisens und der erdigen Bestandtheile, welche er enthält, aber mit sehr wenig der vegetabilischen Substanz; die concentrirte Salz- und Schwefelsäure verwandeln diese in der Wärme in Kohle und entwickeln aus ihr nach einer Angabe von *Vauquelin* Essigsäure.

Der Alkohol löst den Humus nicht, er entzieht ihm gewöhnlich eine kleine Menge Extractivstoffe und Harz, welche höchstens zwei oder drei Hundertsteln vom Gewicht des Humus entspricht.

---

*) Beiträge zur chemischen Kenntniss, 3. Band.

Kali und Natron lösen den Humus fast gänzlich auf; er entwickelt während ihrer Einwirkung Ammoniak. Diese Lösung wird von Säuren zersetzt. [168], sie fällen aus derselben ein im Verhältniss zu dem zu dieser Operation benutzten Gewicht wenig reichliches, braunes, brennbares Pulver.

§ 2.
Ueber die Extractivstoffe des Humus.

Der Humus ist der Hauptsache nach im Wasser unlöslich. Dasselbe entzieht ihm Extractivstoffe, welche nicht mehr der Humus selbst sind. In den folgenden Versuchen werde ich einen Ueberblick über die Extractmenge geben, welche reines Wasser, das auf einen fruchtbaren Boden fällt, aufnimmt.

Ich füllte ein grosses Gefäss mit fast reinem Grashumus und begoss denselben so lange mit destillirtem oder Regenwasser, bis er nichts mehr aufnehmen konnte; nach fünf Tagen wurde er der Wirkung einer Presse unterworfen. Zehntausend Gewichtstheile ausgepresste und filtrirte Flüssigkeit lieferten beim Eindampfen bis zur Trockenheit ein sechsundzwanzig Gewichtstheile wiegendes trockenes Extract.

Denselben Versuch stellte ich die gleiche Zeit über mit der schweren Erde aus einem Gemüsegarten, der mit Mist gedüngt worden war, an. Zehntausend Gewichtstheile ausgepresstes Wasser lieferten ein trockenes Extract von zehn Gewichtstheilen.

169` Dasselbe Experiment unter gleichen Verhältnissen mit dem leichten Boden eines Feldes, das eine schöne Getreideernte brachte, wiederholt, gab auf zehntausend Theile Wasser vier Theile Extract.

Der Humus war vor dem Versuch trocken, und das zu seiner Benetzung benutzte Wasser enthielt kein kohlensaures Gas. Aber das Wasser verhielt sich nicht mehr ebenso, als es dem Humus nun wieder entzogen wurde; da trübte es Kalkwasser durch Bildung von kohlensaurem Kalk, aber nicht viel stärker als die gewöhnlichen Quellwasser. Hundert Cubikzoll Humuswasser, welches gleich in die Retorte ausgepresst worden war, in welcher ich dasselbe unmittelbar nach der Auspressung einer Kochung unterzog, lieferten eine Luft, die allerhöchstens 2 Cubikzoll kohlensaures Gas enthielt. Diese Bestimmung kann nicht sehr genau sein, aber andere Beobachtungen deuten daraufhin, dass die Menge kohlensaures Gas, welches die Wurzeln aus einem gewöhnlichen Boden schöpfen, nicht beträchtlich ist. Bringt man in einen Ballon den ganzen oberen Theil einer grünen in Humus wurzelnden Pflanze und schliesst sorgfältig den Hals dieses Gefässes an der Ursprungstelle des Stengels, so kann man erst nach mehreren Tagen oder selbst mehreren Wochen [170 eine kleine Verbesserung der Luft im Ballon bemerken, obgleich das Volumen des durch die Blätter ausgehauchten Wassers sehr gross war.

Die Extractmenge, welche kochendes Wasser aus reinen, natürlichen*) und auf freiem Felde gebildeten Humusarten abscheiden kann, ist unbedeutend. Ich unterwarf diese Humusarten zwölf auf einander folgenden Abkochungen, von denen jede eine halbe Stunde dauerte und mit einer das vierundzwanzigfache des Gewichtes des Humus übertreffenden Menge Wasser angestellt worden war. Die Extractmenge, welche ich durch alle diese Operationen sammeln konnte, überstieg den elften Theil des Gewichtes des Humus nicht, häufig war sie viel geringer. Mir schien ein reiner Humus, der nach den zwölf erwähnten Abkochungen eine Extractmenge gleich dem elften Theil seines Gewichtes lieferte, unter gleichen Verhältnissen für Saubohnen und Erbsen weniger fruchtbar zu sein als derselbe Humus, der nur die Hälfte oder zwei Drittel der angegebenen Extractmenge enthielt.

[171] Wenn die Extractmenge, welche der Humus besitzen muss, um eine schöne Vegetation zu unterhalten, nicht zu gross sein darf, so darf sie auch nicht zu klein sein. Ich unterwarf einen fast reinen Humus zwölf auf einander folgenden Abkochungen unter Erneuerung des Wassers; in zwei mit ihm gefüllte Blumentöpfe säete ich Saubohnen, Erbsen und Gerstenkörner und begoss sie mit Regenwasser, dessen Reinheit derjenigen des destillirten Wassers gleichgesetzt werden konnte. Gleiche Samenkörner sind zur nämlichen Zeit in zwei den vorhergehenden gleichen und mit demselben Humus gefüllte Töpfe gesäet worden; diesem Humus war jedoch sein Extract nicht entzogen worden. Die Pflanzen trugen in beiden Versuchen

---

*) Ich verstehe unter dieser Bezeichnung einen Humus, der nach seiner Verbrennung nur eine kleine Menge Asche hinterlässt, die nicht den zehnten Theil seines Gewichtes übersteigt. Auch setze ich voraus, dass der Humus nicht durch Dünger verbessert, noch durch eine künstliche Anhäufung von Gewächsen, welche zu gleicher Zeit abgestorben sind, gebildet wurde.

fruchtbare Samen, aber das Gewicht dieser Pflanzen und ihrer Samen war um ein Viertel grösser, wenn sie in dem mit seinem Extract versehenen, als wenn sie in dem erschöpften Humus gewachsen waren. Indessen veränderte die Wirkung der Abkochungen seine äusseren Kennzeichen nicht; man kann ihn mit dem Auge und beim Berühren nicht von demjenigen unterscheiden, der sein Extract behielt. Nur schien mir der erschöpfte Humus eine grössere Menge Wasser einsaugen und an sich halten zu können.

Hundert Theile trockner und seiner löslichen Bestandtheile zum grössten Theil beraubter Humus [172] konnte 177 Theile Wasser zurückhalten.

Der trockene, nicht gewaschene Humus konnte höchstens 400 Theile zurückhalten.

Hierin verhält sich der Humus wie das Holz, er kann durch das Wasser nicht vollständig seiner Extractstoffe, wenigstens unter unseren Augen und in Berührung mit Luft, beraubt werden. Die ersten Macerationen oder Abkochungen entziehen ihm mehr Extract als die folgenden, aber bald gelangt man an einen Punkt, wo er eine constante Menge liefert, welche sich nicht mehr merklich vermindert. Wenn man den befeuchteten Humus der lange andauernden Einwirkung der äusseren Luft aussetzt, erleidet er, nachdem er dies Maximum der Erschöpfung erreicht hat, eine Veränderung, kraft welcher er eine grössere Menge Extract als bei der vorhergehenden Abkochung liefern kann. Zehntausend Gewichtstheile trocknen schwarzen Humus von Rhododendron ferrugineum, welche nach der Verbrennung 65 Theile Asche lieferten, wurden mit dem vierundzwanzigfachen ihres Gewichtes an destillirtem Wasser gekocht, diese Abkochung lieferte nach der Filtration ein 250 Theile wiegendes Extract. Dasjenige der 9. Abkochung wog 40 Theile. Die 10. und 11. Abkochung gaben getrennt eine gleiche Menge. Der bis zu diesem Grade erschöpfte und befeuchtete Humus wurde drei Monate lang geschützt vor Staub der Wirkung der Luft ausgesetzt. [173] Nach diesem Zeitpunkt wurde er einer 12. Abkochung gleich der vorhergehenden unterworfen und lieferte ein 58 Theile wiegendes Extract. Maceration in kaltem Wasser bringt übereinstimmende Wirkungen hervor. Diese lange Zeit fortgesetzten und mehr als fünfzig Mal mit demselben schon durch die Abkochung erschöpften Humus wiederholten Macerationen riefen immer wenigstens in Berührung mit Luft durch ein sehr lösliches Extract gefärbte Aufgüsse hervor.

Der durch die Abkochung zum Theil seiner Extractivstoffe beraubte Humus liefert bei der Destillation nahezu dieselben Producte wie der nicht erschöpfte Humus, nur ist die Menge der bei dieser Operation zurückbleibenden Kohle ein wenig beträchtlicher in dem theilweise erschöpften Humus. Hundert Theile dieses letzteren lieferten $33\frac{1}{4}$ Theile Kohle, die $5\frac{1}{4}$ Theile Asche enthielt. Hundert Theile des nämlichen, aber mit seinem Extract versehenen Humus lieferten bei der gleichen Operation 31 Gran Kohle, die $6\frac{1}{2}$ Theile Asche enthielt[*]). Diese Zunahme in dem Verhältniss des Kohlenstoffs des Humus liegt zwischen sehr engen Grenzen. [174] Als ich von Neuem diesen erschöpften Humus mehreren auf einander folgenden Abkochungen unterwarf, konnte ich das Kohlenstoffverhältniss nicht vergrössern, obgleich ich durch diese Operationen eine grosse Menge Extract auszog.

Das Humusextract zerfliesst nicht; bei der Destillation liefert es kohlensaures Ammoniak. Die der Syrupconsistenz genäherte wässerige Lösung dieses Extractes ist weder alkalisch noch sauer; sie hat einen zuckerigen Geschmack, an der Luft bildet sie einen Niederschlag, nach einigen Augenblicken wird sie durch Kalkwasser, kohlensaures Kali und die meisten metallischen Lösungen getrübt. Wenn man sie mit Alkohol mischt, wird ein Theil gelöst und ein anderer unlöslicher davon getrennt. Der in Alkohol lösliche Stoff zerfliesst leicht. Das durch die ersten Macerationen des Humus mit Wasser gewonnene Extract enthält bei gleichem Gewicht ein grösseres Maass des zerfliesslichen Stoffes als das durch die folgenden Macerationen gewonnene Extract[**].

[175] § 3.

Von den im Humus enthaltenen Salzen.

Die Reagentien lassen gewöhnlich durch ihren einfachen Zusatz zu dem Aufguss eines natürlichen, auf freiem Felde gebildeten Humus keine nennenswerthen Mengen von Kali, salzsauren und

---

[*]) Man sehe die zu diesen Verkohlungen benutzten Verfahren in der Anmerkung am Ende dieses Kapitels.
[**]) Ich weiss nicht, ob dieser zerfliessliche extrahirte Stoff durch den nicht zerfliesslichen Stoff, der reichlich vorhanden ist, so eingehüllt wird, dass er verhindert wird, aus der Luft Feuchtigkeit anzuziehen, oder ob der Alkohol in den Extractstoffen eine neue Verbindung bedingt.

schwefelsauren Alkalien entdecken, wenn er nichts von ihnen aus dem Untergrunde, auf welchem er ruhte, aufgenommen hatte. Die meisten der in den Gewächsen enthaltenen alkalischen Salze verrathen ihre Gegenwart nur durch den Verbrennungsrückstand; ebenso verhält es sich mit den in dem Humus enthaltenen Salzen.

Mehrere Schriftsteller glaubten, dass die Pflanzen sich selbst die Salze, welche sie enthalten, schaffen, weil die Asche der meisten natürlich vorkommenden Humusarten keine Salze an kochendes Wasser abgeben. Diese Schlussfolgerung ist unzweifelhaft voreilig. Alle von mir geprüften Humusarten enthielten alkalische Salze, obgleich ihre Aschen oft für Wasser unangreifbar waren. Diese Salze wurden jedoch in der Asche durch eine halbe Verglasung mit erdigen Stoffen zurückgehalten, da diese letzteren überreichlich vorhanden waren. Hundert Theile Grashumus lieferten mir bei der Verbrennung fünfzig Theile Sand oder Asche, [176] welche an kochendes Wasser keine salzigen Bestandtheile abgaben. Aber 100 Theile des trocknen Extractes von dem nämlichen Humus lieferten 14 Theile Asche, und 100 Theile dieser letzteren bildeten mit kochendem Wasser eine Lauge, welche 25 Theile Salze, nämlich freies Kali, salzsaure und schwefelsaure Alkalien enthielt. Eine weitere Analyse zeigte mir, dass das Wasser nur die Hälfte der in dieser Asche enthaltenen Salze ausgezogen hatte.

Hundert Theile Rhododendron-Humus enthielten $6\frac{1}{2}$ Theile Asche. Hundert Theile dieser Asche konnten an das Wasser nur $\frac{1}{2}$ Theil alkalischer Salze abgeben. Hundert Theile Asche von dem Extract dieses nämlichen Humus gaben an das Wasser ein Drittel ihres Gewichtes an alkalischen Salzen ab und es fehlte noch viel, dass diese Flüssigkeit sie vollständig ausgezogen hätte.

Ich stellte dieselben Versuche mit sechs anderen sehr verschiedenen Humusarten an, sie lieferten mir alle übereinstimmende Ergebnisse.

[177] § 4.

Ueber die Veränderungen, welche das Sauerstoffgas durch seine Berührung mit dem Humus erleidet.

Der Humus ist der Rückstand einer verfaulten Substanz, aber er ist selbst nicht mehr der Fäulniss fähig. Er kann sogar als Antisepticum betrachtet werden: denn die Extractivstoffe, welche er enthält, sind isolirt fähig, in die faulige Gährung überzugehen; sie unterliegen derselben nicht, wenn sie mit dem Humus vereinigt bleiben. Ich hielt ein Jahr lang reine, nicht erschöpfte Humusarten in mit Wasser gefüllten und mit Quecksilber abgeschlossenen Recipienten; sie gaben dort kein Gas von sich ausser vielleicht jener kleinen Menge kohlensaures Gas, mit welcher sich das Wasser, das sie bedeckte, beladen konnte.

Man kann nicht daran zweifeln, dass der Humus, wenn man seine salzigen und erdigen Bestandtheile ausnimmt, durch die vereinigte Wirkung der Luft und des Wassers vollständig zerstörbar ist. Ohne mich zum Beweis dessen auf kleinliche Untersuchungen zu beziehen, kann ich nichts besseres thun, als die Beobachtungen meines Vaters (Voyages dans les Alpes § 1319) über den Humus, welcher die Ebenen zwischen Turin und Mailand bedeckt, und dessen Cultur bis ins graueste Alterthum zurückgeht, hierherzusetzen.

[178] »Die geringe Dicke der Humusschicht, welche man in diesen Ebenen wahrnimmt, scheint mir daher zu beweisen, dass man die Menge dieser Erde nicht als einen Maasstab für die Zeit betrachten kann, welche verstrichen ist, seitdem das Land anfing, Gewächse hervorzubringen: denn in einem Raume von 10 Meilen zwischen Turin und St. Germano sah ich sie nirgends bis zur Dicke von einem Fuss gehen. Nun beweist aber meines Erachtens die Geringfügigkeit dieser Menge, dass diese Erde einer Zersetzung unterworfen ist, die ihrer Zunahme eine Grenze setzt: denn wie erklärt es sich ohne diese Zersetzung, dass ein flaches fruchtbares und seit mehr denn dreitausend Jahren cultivirtes Land nicht eine dickere Humusschicht besitzt?

»Diese Zerstörbarkeit des Humus ist eine über jede Ausnahme erhabene Thatsache, und die Ackerbauer, welche den Dünger durch häufiges Umpflügen ersetzen wollten, haben die traurige Erfahrung davon gemacht. Sie haben gesehen, dass ihre Landgüter allmählich verarmten, und dass ihre Felder durch die Vernichtung des Humus unfruchtbar wurden.«

»Da also diese Erde zerstörbar ist, so muss die Menge, welche zerstört wird, bis zu einem bestimmten Grade ihrer absoluten Menge proportional sein. 179 und da andererseits die jährlich gebildete Menge begrenzt ist, so muss ihre Zunahme nothwendig bestimmte Grenzen haben.«

»Die Grenzen dieser Zunahme müssen nach dem Klima, nach der Natur und der Lage des Grundes, welcher dem Humus als

Unterlage dient, nach den Pflanzen, welche auf ihm wachsen, nach der Art der Cultur, welche man ihm angedeihen lässt, und schliesslich nach der Fruchtbarkeit des Landes verschieden sein. Aber selbst wenn die Ursachen, welche darauf hinzielen, die Dicke dieser Erdschicht zu vergrössern, sich vereinigt fänden, so könnte man nicht zweifeln, dass sie schliesslich ein gewisses Maximum erreichen würde, über welches hinaus die zersetzenden Ursachen, welche den bildenden gleich geworden sind, ihr eine weitere Zunahme nicht gestatten würden.«

Reine mit destillirtem Wasser imbibirte Humusarten, die in mit atmosphärischer Luft oder Sauerstoffgas gefüllten und mit Quecksilber abgesperrten Recipienten eingeschlossen waren, bildeten in denselben kohlensaures Gas, indem sie das Sauerstoffgas zum Verschwinden brachten; niemals jedoch konnten sie das Volumen dieser Atmosphäre um eine grössere Menge als das Volumen des Wassers, welches sie zu befeuchten diente, verkleinern, welches auch immer die Menge des Humus und die Dauer des Versuches war; 180) dieser wurde einige Male länger als ein Jahr fortgesetzt. Wenn dies Wasser vorher mit kohlensaurem Gas imprägnirt worden war, änderten die Humusarten das Volumen ihrer Atmosphäre nicht. Das verbrauchte Sauerstoffgas fand sich in genau gleicher Menge in dem gebildeten kohlensauren Gas wieder, und es wurde weder Wasserstoff noch Stickgas entwickelt.

Augenscheinlich geht aus diesen Versuchen hervor, dass der Humus das atmosphärische Sauerstoffgas weder bindet noch verbraucht. Die Wirkung des letzteren beschränkt sich blos darauf, dem Humus Kohlenstoff zu entziehen.

Um die soeben mitgetheilten Ergebnisse zu erhalten, darf der Humus nicht mit eisenhaltigen oder thonigen Absätzen beladen sein. Das in diesen Absätzen enthaltene unvollkommen oxydirte Eisen verbindet sich in der That mit dem Sauerstoffgas; aber diese Wirkung wird jedoch nicht durch den Humus, noch durch die reinen Erden, noch selbst durch das Eisen und Mangan, welche mit dem pflanzlichen Theil des Humus in Verbindung treten, und welche durch die Einäscherung in demselben angezeigt wurden, hervorgerufen.

Das Sauerstoffgas entzieht dem mit seinen Extractivstoffen versehenen Humus eine grössere Menge Kohlenstoff als demjenigen, der durch Abkochungen derselben beraubt ist.

Dieser letztere bildete bei gleichem Gewicht mit dem atmosphärischen Sauerstoff die Hälfte weniger an kohlensaurem Gas als der nämliche nicht erschöpfte Humus.

[181] Der befeuchtete und in Gefässen, welche die Extractivstoffe nicht entweichen lassen, eingeschlossene Humus verliert, im trockenen Zustand betrachtet, einen Theil seines Gewichtes durch die Berührung mit dem Sauerstoffgas, und dieser Verlust ist grösser als das Gewicht des Kohlenstoffs, welcher ihm durch dies Gas entzogen wird. In einer Glaskapsel mischte ich 30,57 Gramm (eine Unze) Rhododendron-Humus, der im Schatten bei einem bestimmten Grade des Thermometers und Hygrometers getrocknet worden war*), mit Wasser, bis er nichts mehr davon aufsaugen konnte; diese Kapsel stellte ich unter einen mit atmosphärischer Luft gefüllten Recipienten, dessen Luft mehrmals erneuert und bei diesem Verfahren jedesmal eudiometrisch geprüft wurde. Der Versuch dauerte vier Monate: davon brachte der Humus drei unter einem Recipienten zu, und brauchte einen um im Schatten in freier Luft bei dem nämlichen Grade zu trocknen, den er vor seiner Mischung mit dem Wasser besass. Dann fand ich, dass sich sein Gewicht um 849 Milligramm oder 16 Gran vermindert hatte. [182] Während seiner Absperrung unter dem Recipienten brachte er 476 Cubikcentimeter (24 Cubikzoll) Sauerstoffgas zum Verschwinden und ersetzte sie durch das gleiche Volumen kohlensaures Gas. Demnach bildete er während des ganzen Versuches ungefähr 32 Cubikzoll kohlensaures Gas, wenn vorausgesetzt wird, dass die Bildung des kohlensauren Gases während des Einschlusses und während des Trocknens die gleiche war.**) Da nun aber 32 Cubikzoll kohlensaures Gas nach *Lavoisier* 6 Gran Kohlenstoff enthalten, so muss der Humus ausser diesem Element eine 10 Gran Wasser entsprechende Menge Sauerstoff- und Wasserstoffgas verloren haben.

Das Verhältniss des Kohlenstoffs vergrössert sich durch den Entzug des Wassers in dem Rückstande der Gewächse, welche sich in Humus verwandeln, aber der Kohlenstoff nimmt, wie ich

---

*) Dieser Humus fühlte sich schon lange vollkommen trocken an; obgleich er nicht zerfliesslich war, schwankte sein Gewicht doch nach dem Stand des Thermometers und Hygrometers.
**) Der Humus bildet wahrscheinlich weniger kohlensaures Gas unter sonst gleichen Umständen unter einem Recipienten als in freier Luft; da er aber fast keine Einwirkung auf das Sauerstoffgas in den letzten Stadien des Trocknens ausübt, die viel Zeit in Anspruch nehmen, so glaube ich, dass dasjenige kohlensaure Gas, welches ich dem Trocknen zuschreibe, vielmehr im Ueberfluss vorhanden ist, als dass es fehlt.

glaube, bei dieser Operation nicht in dem ausgebildeten Humus zu; er muss nahezu durch die Einwirkung der Luft und des Wassers sein Sauerstoffgas, Wasserstoffgas und seinen Kohlenstoff in dem nämlichen Verhältniss verlieren. ´183. Wenn er sein Sauerstoffgas und Wasserstoffgas in grösserem Verhältniss als seinen Kohlenstoff verlöre, so würde man oftmals auf einem seit langer Zeit von Vegetation entblössten Boden Rückstände finden, welche fast reiner Kohlenstoff oder Kohle sein müssten. Man begegnet aber niemals Derartigem, sie liefern alle bei der Destillation Producte, in denen der Kohlenstoff höchstens die Hälfte ausmacht.

Der Kohlenstoff ist ein sehr kräftiges Antisepticum, und der Zustand, in dem er sich in dem Humus findet, scheint geeignet zu sein, diesem zum Theil jene Eigenschaft mitzutheilen. Ich füllte mehrere gleiche Gefässe mit verschiedenen reinen oder fast reinen Humusarten; in jedes der Gefässe legte ich eine gleich grosse Menge Rindfleisch. Derselbe Versuch wurde unter sonst gleichen Umständen mit Sägespänen von den Hölzern, von welchen diese Humusarten stammten, mit reiner Kohle, mit Kalksand, mit Kieselsand, mit thonigem Sande und bei freier Luft angestellt. Das Fleisch hielt sich ohne Veränderung ein wenig länger in der Kohle als in dem Humus, aber viel länger im Humus als in den Sägespänen, den verschiedenen Sandarten und als an freier Luft. [184 Es wird zum Theil aus dieser antiseptischen Wirkung des Humus ersichtlich, dass es etwas sehr Verschiedenes ist, ob man Pflanzen, um die Vegetation zu unterhalten, mit isolirten und erneuerten Extractlösungen ernährt, oder ob man ihnen Humus liefert. Der unlösliche Theil desselben verhindert die nicht zersetzten vegetabilischen Stoffe, den Pflanzen in Gährung begriffene Säfte zu liefern, die der Vegetation stets schädlich sind.

Rückblick.

Der Kohlenstoff findet sich in grösserem Verhältniss im Humus als in den Pflanzen, aus denen dieser stammt. Indessen scheint das Verhältniss des Kohlenstoff's, welchen der Humus enthält, nicht ansehnlich durch die andauernde Wirkung derjenigen Ursachen, welche ihn bildeten, vergrössert werden zu können.

Der befeuchtete, aber im trockenen Zustand betrachtete Humus verliert bei der Temperatur der Atmosphäre durch die Berührung mit Sauerstoffgas an Gewicht. Letzteres wird nicht in ihm gebunden, es vereinigt sich auch nicht mit dem Wasserstoffgas des Humus, um Wasser zu bilden. Das Sauerstoffgas entzieht ihm nur Kohlenstoff. Indem der Humus dies Element verliert, giebt er zu gleicher Zeit sein Sauerstoff- und Wasserstoffgas in Gestalt von Wasser und einem im demselben löslichen Extract ab. [185] Der Humus scheint also bei der Temperatur der Atmosphäre durch die vereinigte Wirkung des Sauerstoffgases und wässeriger Abspülungen vollständig zerstörbar zu sein.

Die extrahirten Säfte des Humus tragen bis zu einem gewissen Grade zu seiner Fruchtbarkeit bei; ihre Asche enthält alle Bestandtheile der Pflanzenasche.

Der reine Humus ist antiseptisch.

Anmerkung
Ueber die Verkohlung verschiedener vegetabilischer Substanzen.

Wenn man ein Gewächs oder einen seiner organischen Stoffe in einer zugekitteten Retorte destillirt, so genügt der Grad des Feuers, welchen dieselbe ohne zu schmelzen ertragen kann, oft nicht, um allen Wasserstoff, welcher mit der Kohle verbunden bleibt, und welcher bei höherer Wärme entbunden werden könnte, auszutreiben. Dies Verfahren würde indessen nicht ungeeignet sein, um über die relativen Mengen Kohle, welche in den nicht flüchtigen vegetabilischen Substanzen enthalten sind, ein Urtheil zu fällen, wenn bei einem höheren Grad des Feuers, als ihn die Retorte ertragen kann, die verschiedenen Kohlen den Wasserstoff stets in dem nämlichen Verhältniss zurückhielten. [186] Aber so verhält es sich nicht. Die vegetabilischen Substanzen, welche wie gewisse Samen dicht sind und die Fähigkeit haben, durch die Wirkung des Feuers weich zu werden, halten den Wasserstoff in grösserem Verhältniss zurück als diejenigen, welche lockerer sind und nicht wie die meisten Hölzer weich werden.

In den Ergebnissen, welche ich mitzutheilen im Begriffe stehe, überstieg der zur Verkohlung benutzte Feuerungsgrad denjenigen, welcher Silber in Fluss hält; und da das Gewicht der verschiedenen Kohlen sich nicht änderte, als sie einer höheren Temperatur unterworfen wurden, habe ich Grund zu glauben, dass sie unter einander vergleichbar sind. Die Art und Weise das Feuer zu behandeln, oder die Zeit, welche bis zur Erreichung des höchsten angewandten Wärmegrades verstrich, änderte ich nicht. Um solche Verkohlungen zu bewerkstelligen, hülle ich die trockene vegetabilische Substanz in Papier ein, woraus ich ein dichtes Knäuel mache, welches in eine cylindrische Eisenbüchse oder in ein an einem Ende offenes, am anderen Ende geschlossenes Rohr von 9 Centimeter Höhe und 4 Centimeter Weite eingeführt wird. Ueber dem Knäuel bringe ich einen Eisenstöpsel an, der mit einem verticalen Arm versehen ist, um ihn herauszuziehen; er nimmt genau den inneren Durchmesser des Cylinders ein. Die Eisenplatte wird in dieser Stellung mit Thon festgekittet [187] und mit einer Lage Kohlenstaub und einer zweiten Lage Asche bedeckt.

Nach der Operation wiege ich das verkohlte Knäuel, ohne es zu verändern, so lange es warm ist, und ziehe davon das Gewicht der Papierkohle ab, das durch eine vorgängige Operation festgestellt worden war.

Die zum Einsammeln, Trocknen und Veraschen der Gewächse benutzten Vorsichtsmaassregeln sind die nämlichen, wie sie im Kapitel IX werden angegeben werden.

In mehreren Fällen kann man über die relativen Mengen der von verschiedenen Substanzen gelieferten Kohle nur urtheilen, wenn man sie als aschefrei berechnet. Das Ergebniss dieser Berechnungen ist in der fünften Spalte der Tabelle über die Verkohlungen eingetragen worden. Ich führe ein Beispiel dafür an: 100 Gewichtstheile Humus von Tannennadeln (No. 19) lieferten 28 Theile Asche; 100 Theile desselben Humus gaben $52\frac{1}{2}$ Theile aschehaltige Kohle. Indem ich diese Asche von dem Humus und der Kohle abziehe und die Proportion $100 - 28 : 52,5 - 28 = 100 : x$ ansetze, finde ich, dass 100 Theile dieses aschefreien Humus 34 Theile Kohle geliefert haben würden.

Chemische Untersuchungen über die Vegetation.

Verkohlungen

No. der Verkohlung	Bezeichnung der Substanzen	Gewicht der von 100 Theilen Trockensubstanz gelieferten Kohle	Gewicht der in 100 Theilen Trockensubstanz enthaltenen Asche	Gewicht der von 100 Theilen Trockensubstanz gelieferten Kohle nach Abzug der Asche
1	Eichenholz (Quercus robur), vom Splint getrennt	19,75	0,2	19,69
2	Rinde zu dem vorstehenden Holz gehörig	17,5	0,4	17,16
3	Holz und Rinde der vorstehenden Eiche, durch wiederholte Abkochungen vom Extract befreit	16,75	0,2	16,54
4	Rinde des Stammes der vorstehenden Eiche	26	5	22,1
5	Bast vorstehender Rinde	24,8	6,2	19,82
6	Rinde von Eichenzweigen von 1 Centimeter (5—6 Linien) Durchmesser	26,6	6	21,92
7	Berindete Eichenzweige von 1 Centimeter (5—6 Linien) Durchmesser	17	0,4	16,66
8	Brauner Humus v. Eichenholz	28,5	4	25,44
9	Eichenholz, welches ohne Luftberührung durch Fäulniss weiss geworden war	20	6,8	14,1
10	Im Mai gesammelte Eichenblätter	30	5,3	26,1
11	Im September gesammelte Eichenblätter	26	5,5	21,69
12	Levantische Galläpfel	30	2	28,57
13	Kork	22	0,87	21,31
14	Ganze Pflanzen von Rhododendron ferrugineum	23,5	1,6	22,5
15	Schwarzer aus vorstehender Pflanze gebildeter Humus	31	6,5	26,2
16	Der nämliche Humus, aber durch wiederholte Abkochungen seines Extractes beraubt	33,25	5,25	28,58

Ostwald's Klassiker. 16.

Verkohlungen

No. der Verkohlung	Bezeichnung der Substanzen	Gewicht der von 100 Theilen Trockensubstanz gelieferten Kohle	Gewicht der in 100 Theilen Trockensubstanz enthaltenen Asche	Gewicht der von 100 Theilen Trockensubstanz gelieferten Kohle nach Abzug der Asche
17	Berindetes Holz von der Tanne. Pinus abies.	20,	0,34 nach Kirwan	19,72
18	Blätter vorstehender Tanne	24,5	3	22,16
19	Aus den Blättern vorstehender Tanne gebildeter Humus	52,5	28	34
20	Vom Splint getrenntes Holz des Maulbeerbaums (Morus nigra)	23,25	0,7	22,7
21	Splint zu diesem Holz gehörig	17,25	1,3	16
22	Rinde d. vorstehenden Baumes	25	8,9	17,68
23	Bast dieser Rinde	18,1	8,8	10,19
24	Berindete Zweige vom Haselstrauch Corylus avellana v. 1 Centim. 5 Linien Durchm.	16,5	0,5	16,08
25	Rinde dieser Zweige	25,6	6,2	20,68
26	Blätter d. vorstehenden Haselstrauches, im Mai gesammelt	29,25	5,8	24,9
27	Dieselben, im Juni gesammelt	29,5	6,2	21,84
28	Dieselben, im September gesammelt	28	7	22,58
29	Holz der Hainbuche (Carpinus betulus)	17,75	0,6	17,25
30	Zu diesem gehöriger Splint	17,5	0,7	16,92 Bei diesem Baum war der Splint sehr wenig vom Holz unterschieden.
31	Rinde d. vorstehenden Baumes	30,5	13,5	19,74
32	Torf, von *Klaproth* analysirt	38,75	18,5	23,62 Diese in einer Glasretorte vorgenommene Verkohlung kann nicht vollendet gewesen sein.

Chemische Untersuchungen über die Vegetation.

Verkohlungen

No. der Verkohlung	Bezeichnung der Substanzen	Gewicht der von 100 Theilen Trockensubstanz gelieferten Kohle	Gewicht der in 100 Theilen Trockensubstanz enthaltenen Asche	Gewicht der von 100 Theilen Trockensubstanz gelieferten Kohle nach Abzug der Asche
33	Holländischer Torf	34,25	21,3	16,45
34	Weizenpflanzen, den 1. Mai, einen Monat vor ihrer Blüthe geerntet	25	7,9	18,56
35	Dieselben in Blüthe, d. 14. Juni	25	5,4	20,71
36	Dieselben, reife Samen tragend, den 22. Juli	26,6	3,3	19,95
37	Stroh der vorstehenden Pflanzen, von den Körnern getrennt	23,6	4,3	20,13
38	Körner vorstehender Pflanzen	20,5	1,3	19,15
39	Weizenmehl	19,5	0,82	18,83
40	Kleie	23,25	5,2	19,04
41	Stärke	10,75	0,16	10,6
42	Kleber	22,75	1,25	21,77
43	Gummi arabicum	17,75	2,5	15,64
44	Traganthgummi	16,75	2	15,05
45	Krystallisirter Zucker	18,5	0,1	18,11
46	Weisses ungeleimtes Papier	11	0,88	10,2
47	Holländ. Leinewand, mehrmals ausgelaugt	14	3	11,34

[193] Der grüne Theil scheint sich von den anderen Theilen der Gewächse durch einen grösseren Gehalt an Kohlenstoff zu unterscheiden.

Das Verhältniss des Kohlenstoffs vermindert sich in den grünen Theilen im Herbste; dann werden sie ihrer Schleim- und Extractivsäfte beraubt. Diese Stoffe sind sehr reich an Kohlenstoff, da, wie man sieht, ausgewaschenes Holz, Leinwand und Papier dies Element nur in sehr kleinem Verhältniss enthalten.

Das Holz enthält mehr Kohlenstoff als der Splint.

Rinde enthält gewöhnlich mehr Kohlenstoff als Holz und Splint. Dies Ergebniss ist nicht für alle Bäume constant, weil die Rinde keine homogene Substanz ist; ihre Epidermis allein verwandelt sich bei Berührung mit Luft in Kohlenstoff. Der Bast und die inneren Theile des Korkes erleiden durch dieselbe Ursache diese Veränderung oft nicht, und das Verhältniss ihres Kohlenstoffs schwankt bei verschiedenen Pflanzen nach Umständen, welche zu bestimmen uns unmöglich ist.

[194] Sechstes Kapitel.
Ueber das Verhalten der Pflanzen in sauerstoffgasfreien Medien.

Indem ich mich in den beiden vorhergehenden Kapiteln mit der Zersetzung, welche die Gewächse nach ihrem Tode erfahren können, beschäftigte, unterbrach ich den Gang meiner Untersuchungen über die Vegetation; aber diese Abschweifung war nothwendig, damit die Wirkung, welche der todten Pflanze oder der Gährung derselben zufällt, von derjenigen unterschieden werden kann, welche der Vegetation angehört.

Die Entwicklung mehrerer Gewächse in sauerstoffgasfreien Medien bietet Erscheinungen dar, welche auf diese beiden Ursachen zusammen zurückzuführen sind.

§ 1.

Von den Pflanzen, welche im Stickgas nicht vegetiren können.

Die Vegetation scheint in reinem Stickgas mit Hülfe von Wasser nur durch den Sauerstoff, welchen ihre grünen Theile aushauchen, unterhalten werden zu können.

[195] Die Pflanzen, welche dieser Theile beraubt sind, oder welche dieselben nur in geringer Menge besitzen, können in dieser Atmosphäre nicht vegetiren. So keimen die Samen nicht in derselben, und wenn man glaubte, von dieser Regel Ausnahmen zu finden, so rührte das daher, dass man zu diesen Versuchen eine zu grosse Menge Wasser anwandte, welches, da es nicht vollständig des in ihm gelösten Sauerstoffgases beraubt werden kann, eine für die erste Entwicklung ausreichende Menge lieferte. Es vollzieht sich nicht nur die Keimung nicht im Stickgas, sondern auch die schon gekeimten Körner sterben regelmässig, wenn sie in dasselbe gebracht werden, falls sie vor ihrer Einführung in dies Gas nur ihr Würzelchen getrieben hatten, ab.

Diese Versuche stellte ich mit Erbsen, mit den Samen der Garten- und Brunnenkresse und denen von Polygonum amphibium an; sie faulten alle, ohne sich zu entwickeln. Aber die meisten Pflanzen, welche aus diesen Samen stammen, konnten sich in diesem Gase halten und unbegrenzt verlängern, wenn sie in dasselbe erst gebracht wurden, nachdem sie reichlich mit grünen Theilen oder Blättern versehen waren.

[196] Die holzigen Zweige der Pappel (Populus nigra) und der Weide (Salix alba), deren Blätterknospen im Begriff waren, sich zu öffnen, konnten diese Entfaltung mit Hülfe des Wassers im Stickgas weder in der Sonne noch im Schatten vollziehen; nach vierzehn Tagen trat Fäulniss ein; Zweige derselben Pflanzen beblätterten sich nach drei oder vier Tagen, als sie unter sonst gleichen Umständen unter mit gewöhnlicher Luft gefüllte Recipienten gebracht wurden; in derselben vegetirten sie mehrere Wochen lang weiter.

Wird eine welke Pflanze an einen schwach erleuchteten Ort in einem mit gewöhnlicher Luft oder Sauerstoffgas gefüllten und mit Wasser abgesperrten Recipienten gestellt, so bedeckt sie sich beständig mit Schimmel; sie thut das nicht im Stickgas. Ich brachte derartig ausgebildeten Schimmel in dies Gas; er entwickelte sich nicht weiter; doch muss das Gas vollkommen rein sein, denn die geringste Menge Sauerstoffgas genügt diesen sehr kleinen Pflanzen zum Vegetiren.

Zwei bis drei Stunden vor ihrem vollständigen Aufblühen gesammelte Rosen, Lilien und Nelken, die in der That nach diesem Zeitraum unter mit gewöhnlicher Luft gefüllten Recipienten aufblühten, konnten diesen Vorgang mit Hülfe des Wassers im Stickgas nicht vollenden. [197] Sie faulten in demselben Entwicklungsstadium, in welchem sie gesammelt worden waren, und schneller als in gewöhnlicher Luft; ebenso wirkte der luftleere Raum.

Wenn man behauptet hat, dass die Rose sich im luftleeren Raum länger als in gewöhnlicher Luft hält, liess man sich durch falschen Schein täuschen. In letzterer verliert sie freilich eher ihre Kronblätter, aber das Abfallen derselben, das ein natürlicher Vegetationsvorgang ist, zeigt in der Pflanze keine Zersetzung an. Die abgefallenen Kronblätter hauchen einen schwachen, aber angenehmen Geruch aus. Das Gegentheil tritt im luftleeren Raum oder im Stickgas ein; eine Rose scheint hier länger ihre Form und Farbe zu bewahren; wenn man nach vierzehn Tagen aber glaubt, sie noch frisch herauszunehmen, so strömt sie einen übelriechenden Duft aus, ihre Kronblätter sind verdorben, und man sieht, dass sich hinter diesem scheinbaren Leben ein wirklicher Tod verbarg.

§ 2.
Von den Pflanzen, welche im Stickgas vegetiren können.

Wie ich sagte, findet man, dass nur reichlich mit grünen Theilen versehene Pflanzen im Stickgas vegetiren können, und selbst diese nicht einmal gleich gut.

[198 Es scheint mir, dass sie viel Oberfläche darbieten, und dass sie aus der Gruppe derjenigen genommen werden müssen, welche das wenigste Sauerstoffgas verbrauchen, wenn sie in atmosphärischer Luft im Dunkeln vegetiren.

Cactus opuntia konnte mit Wasser ernährt drei Wochen lang an der Sonne im Stickgas vegetiren, doch litt er sehr; im Schatten ging er in fünf bis sechs Tagen zu Grunde. Fast ebenso verhielt sich Sedum telephium. Diese Pflanzen vegetiren unter mit gewöhnlicher Luft gefüllten Recipienten eine unbegrenzte Zeit lang.

Erbsenpflanzen, welche während der ersten vier oder fünf Tage einer Stickgasatmosphäre widerstehen konnten (was nicht immer der Fall ist), fuhren fort, ganze Monate lang in der Sonne zu vegetiren; freilich war es immer nur ein Hinsiechen.

Ich werde einen mit diesen Gewächsen angestellten Versuch mittheilen. Man kann sein Ergebniss als ein aus mehreren Beobachtungen gezogenes Mittel betrachten.

Drei zum Theil entwickelte Erbsenpflanzen, welche zusammen ungefähr drei Gramm wogen, nahmen in der Sonne in einem mit gewöhnlicher Luft gefüllten Recipienten bei Ernährung mit reinem Wasser im Zeitraum von zehn Tagen um 1,27 Gramm (24 Gran) zu. [199' Als gleiche Pflanzen der Einwirkung des Stickgases widerstanden, erfuhren sie in der Sonne während desselben Zeitraumes eine Zunahme, die 106 Milligramm (3 Gran) nicht überstieg. Wurden solche Pflanzen im Stickgas dem Schatten ausgesetzt, so gingen sie regelmässig in den ersten vier Tagen zu Grunde, während sie sich mehrere Wochen lang in gewöhnlicher Luft hielten.

Das kleine Immergrün hielt sich sowohl in der Sonne wie im Schatten ebenso lange im Stickgas wie in gewöhnlicher Luft, d. h. ungefähr drei Wochen lang; es starb in dem einen wie im anderen Fall nur, weil es eine zu feuchte Atmosphäre nicht ertragen konnte.

Lythrum salicaria, Inula dysenterica, Epilobium hirsutum, E. molle, E. montanum und Polygonum persicaria, alles mehr oder weniger Sumpfpflanzen, vegetirten im Stickgas bewunderungswerth und führten unbegrenzte Zeit lang sehr bedeutende Entwicklungen aus gleich denjenigen, welche sie unter mit gewöhnlicher Luft gefüllten Recipienten vollzogen: sie konnten selbst ganze Monate lang im Stickgas bei schwachem Lichte oder vor directer Einwirkung der Sonne geschützt vegetiren.
[200] Ich gehe jetzt zu den Veränderungen über, welche diese Pflanzen in ihrer Atmosphäre hervorrufen.

In der Sonne liess ich Lythrum salicaria in 65 Cubikzoll Stickgas vegetiren, das durch Salpetergas [Stickoxyd] keine Veränderung erlitt. Diese Pflanze verdrängte ungefähr $\frac{1}{8}$ Cubikzoll und tauchte nur mit ihren Wurzeln in eine Unze Wasser. Letzteres hatte keine Verbindung mit dem Wasser, welches den Recipienten abschloss. Im Laufe des Versuchs musste ich die Pflanze fünf- oder sechsmal erneuern, weil sie, während sie sich verlängerte, an den Wandungen des sie bedeckenden Gefässes festklebte und so verbrannt wurde. Nach zwei Monaten hatte sich ihre Atmosphäre um 3,4 Cubikzoll vermehrt. Alsdann zeigte das Eudiometer $\frac{5}{100}$ Sauerstoffgas an. Ich dehnte den Versuch noch um einen Monat in dieser verbesserten Atmosphäre aus, aber die Pflanze fuhr nicht fort, ihr Sauerstoffgas hinzuzufügen. Polygonum und andere Pflanzen lieferten mir hiermit übereinstimmende Resultate. Im Allgemeinen überzeugte ich mich durch mehrere Versuche davon, dass die im Stickgas entwickelte Menge Sauerstoffgas nicht im Verhältniss zur Dauer des Aufenthaltes der Pflanze unter dem Recipienten steht, 201 sondern dass gewöhnlich in den ersten Wochen eine Portion davon gebildet wird, welche sich in den folgenden Wochen nicht mehr vergrössert, obgleich die Pflanzen zu allen Zeiten gleichmässig kräftig vegetirten.

Eben solche Pflanzen, welche ich während derselben Zeit unter mit gewöhnlicher Luft gefüllten Recipienten vegetiren liess, fügten derselben niemals Sauerstoffgas hinzu.

Als ich diese Gewächse im Stickgas in vollständige Dunkelheit *) brachte, indem ich sie alle zwölf Stunden erneuerte, damit

---

*) Lythrum salicaria, Polygonum persicaria und andere Sumpfpflanzen, welche schwachem oder diffusem Licht ausgesetzt werden, lassen in ihrer Stickgasatmosphäre kein kohlensaures Gas zurück; sie fügen jener Sauerstoffgas hinzu; damit sie jedoch diese Wirkung her-

ihre Lebensfähigkeit nicht erschlaffen möchte, bildeten sie kein Sauerstoffgas; sie vergrösserten ihre Atmosphäre durch kohlensaures Gas, welches sie vollständig aus ihrer eigenen Substanz erzeugten.

Als derselbe Versuch in gewönlicher Luft angestellt wurde, ward freilich noch kohlensaures Gas gebildet, [202 aber das Volumen der Atmosphäre vergrösserte sich nicht, noch verminderte es sich. Dies Gas hatte dann einen anderen Ursprung; es wurde aus dem Kohlenstoff der Pflanze und dem Sauerstoffgas der umgebenden Luft gebildet.

Diese Beobachtungen zeigen uns die Quelle des im Stickgas ausgeschiedenen Sauerstoffgases; es rührt aus der Zersetzung des kohlensauren Gases her, welches die Pflanze ausschliesslich aus ihrer eigenen Substanz bildet. Verschafft sie sich so eine ausreichende Sauerstoffgasatmosphäre, so verbreitet sie jedoch kein Sauerstoffgas mehr, weil das kohlensaure Gas, welches sie alsdann bildet und wieder zersetzt, das Ergebniss der Vereinigung ihres Kohlenstoffs mit vorgebildetem Sauerstoffgas ist; während des Tages bringt sie das Sauerstoffgas fast vollständig wieder zum Vorschein, welches sie während der Nacht hatte verschwinden lassen.

Die geringe Menge Sauerstoffgas, welche Lythrum und Polygonum im Stickgas bildeten, war erforderlich, um die Entwicklung dieser Pflanzen zu bewerkstelligen; aber sie war viel grösser als diejenige, welche sie verlangen, um zu vegetiren, ohne sich zu entwickeln.

Im oberen Theil eines Recipienten, welcher 60 Cubikzoll Stickgas enthielt, hing ich ein Gemisch von einem Theil Eisenfeilspänen, zwei Theilen Schwefelblumen und ein und ein halb Theil Wasser*) auf. [203] Zu gleicher Zeit brachte ich in diese durch Wasser abgesperrte Atmosphäre zwei Pflanzen von Lythrum salicaria, welche zusammen $\frac{1}{8}$ Cubikzoll verdrängten: ihre Wurzeln allein tauchten unter dem Recipienten in ein kleines zwei Hundertstel Liter Wasser enthaltendes Gefäss; der Apparat war in einem Zimmer der durch die Glasscheibe eines Fensters

---

vorbringen, und damit sie lange bei dieser Exposition vegetiren können, darf die Temperatur nicht zu hoch sein; denn die Pflanzen verlangen und verbrauchen wie die Thiere um so weniger Sauerstoffgas, je niedriger die Temperatur ist.

* Jeder Theil war gleich 11,5 Gramm (3 Quentchen). Das richtige Verhältniss des Wassers ist eine wesentliche Bedingung, damit das Gemisch eine energische Wirkung auf das Sauerstoffgas ausübt.

gemilderten Wirkung der Sonne ausgesetzt worden. Zehn Tage später war die eine Pflanze todt, die andere vegetirte weiter und hielt sich vier Monate lang vom 3. Thermidor bis zum 2. Frimaire, ohne zu leiden, und ohne dass ein Blatt welkte; um diese Zeit nahm ich die Pflanze so gesund wie vor ihrer Einführung wieder heraus. Die Luft des Recipienten erfuhr durch das Salpetergas [Stickoxyd] keine Verminderung. Die Pflanze führte während ihrer Einsperrung keine Entwicklung irgend welcher Art aus; sie stellte das Vegetiren gleichsam ein. Das ist die einzige Wirkung, welche der Schwefel in diesem Versuche hervorbrachte. Dieselbe Pflanze verlängerte sich in zehn Tagen um 5 bis 6 Zoll [204] in Stickgas, in welchem sich diese Substanz nicht befand. Der Entzug des von Lythrum entwickelten Sauerstoffgases stellte sich als einziges Hinderniss seiner Entwickelung entgegen. Die Schwefelwasserstoffdämpfe haben an dieser Wirkung keinen Antheil. Denn gleiche Pflanzen verlängerten sich beträchtlich mit Schwefeleisen unter einem mit gewöhnlicher Luft, die alle drei Tage erneuert wurde, gefüllten Recipienten.

Eine Pflanze von Polygonum persicaria verhielt sich fünf Wochen lang in einem mit Stickgas gefüllten Recipienten, in welchem ich concentrirtes Schwefelkali aufgehängt hatte, fast ebenso wie Lythrum; sie entwickelte sich nicht, sie verlor zwei Blätter in der Nähe der Wurzeln; nach dem angegebenen Zeitraum ist sie nur durch die Wirkung eines sehr starken Sonnenstrahles, vor dem ich nicht die Vorsicht gehabt hatte, sie zu schützen, zu Grunde gegangen.

Die Pflanzen, welche ich in der Sonne in Stickgas vegetiren liess, sind durch die Wirkung des in ihrer Nähe aufgehängten gebrannten Kalkes oder Kali viel eher zu Grunde gegangen als in gewöhnlicher Luft.

Es ist sonderbar, die Sumpfpflanzen der Wirkung eines Schwefelmetalls [Hydrosulfure], das ihnen das Sauerstoffgas entzieht, und der Wirkung des Kalkes, der ihnen das kohlensaure Gas entzieht, widerstehen zu sehen. [205] Doch muss man beachten, dass das Schwefelmetall ihnen das Sauerstoffgas erst nach seiner Bildung entzieht, während der Kalk oder das Kali ihnen dasselbe Gas vor seiner Entbindung raubt.

Der Ueberfluss an kohlensaurem Gas ist den in Stickgas vegetirenden schädlicher als den in gewöhnlicher Luft vegetirenden Pflanzen. Anderswo habe ich ausgesprochen, dass die Beimischung des kohlensauren Gases zur atmosphärischen Luft, in welcher ich Erbsenpflanzen in der Sonne vegetiren liess, im Verhältniss von ein Zwölftel ihrer Entwickelung günstig war. Unter denselben Umständen schadete sie den Sumpfpflanzen nicht. Aber sie konnten niemals die Mischung mit reinem Stickgas in den angegebenen Verhältnissen vertragen: nach wenig Tagen gingen sie in derselben ebenso wie die Erbsenpflanzen zu Grunde. Die Verarbeitung einer gewissen Menge Sauerstoffgas scheint also zur Verarbeitung einer gewissen Menge kohlensauren Gases immer nöthig zu sein. Dies Gas wird den Gewächsen stets schädlich, wenn sie dasselbe nicht zersetzen können.

Priestley glaubte zu erkennen, dass mehrere Pflanzen die Eigenschaft haben, Stickgas, in welchem sie vegetiren, zu absorbiren. Er hat mitgetheilt, dass eine Pflanze von Epilobium hirsutum [206] in einem Recipienten von 10 Zoll Höhe und ein Zoll Breite am Ende eines Monats sieben Achtel der in ihm enthaltenen atmosphärischen Luft absorbirt hatte.*)

Ingenhousz beschränkte diese Fähigkeit nicht auf eine kleine Zahl Pflanzen; er beobachtete**, dass durch alle in ihm vegetirenden Pflanzen das Stickgas in wenig Stunden eine merkliche Verminderung erfährt. Mit grosser Sorgfalt verfolgte ich die Lebensvorgänge von Epilobium hirsutum theils in reinem Stickgas, theils in gewöhnlicher Luft, indem ich das zu diesem Versuch***) von *Priestley* angegebene Verfahren einschlug, und indem ich ihn bedeutend länger ausdehnte: doch konnte ich im Stickgas nach Abzug des in ihm gebildeten Sauerstoffgases keine Verminderung wahrnehmen. Ebenso verhielt es sich mit allen anderen Gewächsen, welche ich denselben Versuchen unterwarf. [207] Demnach verdichten die Pflanzen das Stickgas nicht merklich; die Versuche von *Senebier* und *Woodhouse* bestätigen diese Behauptung.

Wenn das Stickgas ein einfacher Körper, wenn er kein Bestandtheil des Wassers ist, so muss man anerkennen, dass die Gewächse ihn nur in den pflanzlichen und thierischen Auszügen,

---

*) Exper. and observ. on diff. Kinds of airs, vol 3, p. 332.
**) Expér. sur les Végétaux, vol 2, p. 146.
***) Das Verfahren besteht darin, das Gewächs in einen mit Erde gefüllten Topf zu pflanzen, diesen Topf und die Ursprungsstelle des Stengels in das Wasser unter die Brücke der Wanne zu tauchen und den Rest der Pflanze mit einem mit Luft gefüllten Recipienten zu bedecken. Alsdann entwickelt sie sich viel schneller, als wenn ihre Wurzeln in reines Wasser tauchen. Aus diesem Grunde war ich gezwungen, die Pflanze verschiedene Male zu erneuern.

in ammoniakalischen Dämpfen* oder in anderen in Wasser löslichen Verbindungen, welche sie aus dem Boden und aus der Atmosphäre aufnehmen können, assimiliren. Es muss zugegeben werden, dass, wenn sie in einer nicht erneuerten Atmosphäre, mit Hülfe einer kleinen Menge reinen Wassers vegetiren, die sich entfaltenden Theile das Stickgas nur auf Kosten desjenigen erwerben, welches die anderen Pflanzentheile vor dem Versuch enthielten.

[208 § 3.

Von dem Verhalten der Pflanzen im Kohlenoxydgas**) 'Berthollet's Hydrogène oxycarburé).

Ich stellte dies Gas dar, indem ich bei Glühhitze in einem Flintenrohr ein aus gleichen Theilen Kalkspath und Eisenfeilspäne hergestelltes Gemenge erwärmte. Das erhaltene luftförmige Fluidum enthielt, nachdem es von dem kohlensauren Gas befreit worden war, $\frac{1}{100}$ Sauerstoffgas, welches ich durch Schwefelkali abschied.

Die Pflanzen vegetirten im Kohlenoxydgas wie im Stickgas; diejenigen, welche ihrer grünen Theile beraubt waren, gingen zu Grunde. Die entwickelten Erbsenpflanzen vegetirten kraftlos in der Sonne, [209] sie konnten sich im Schatten gar nicht halten. Epilobium hirsutum, Lythrum salicaria und Polygonum persicaria gediehen so vortrefflich in ihm wie in gewöhnlicher Luft. Selbst nach einer Vegetationsdauer von sechs Wochen in diesem Gase konnten sie es in der Sonne nicht zersetzen: sie vermehrten sein Volumen wie das des Stickgases durch eine entsprechende Menge Sauerstoffgas. Bei vollkommener Dunkelheit vergrösserten sie ihre Atmosphäre durch kohlensaures Gas.

---

* Man kann an der Gegenwart ammoniakalischer Dämpfe in der Atmosphäre nicht zweifeln, wenn man sieht, dass sich die schwefelsaure Thonerde an freier Luft schliesslich in Ammoniakalaun verwandelt. Die Ueberlegenheit des thierischen über den pflanzlichen Dünger scheint grösstentheils nur einem grösseren Gehalt des ersteren an Stickstoff zuzuschreiben zu sein.

**) Die Ansicht, welche die Gegenwart des Wasserstoffs als eines wesentlichen Bestandtheiles des Kohlenoxydgases annimmt, beruht auf vielleicht nur zu indirecten Beobachtungen, als dass man ihr als sicher richtig zustimmen könnte. — Ich muss indessen zu Gunsten des hydrogène oxycarburé bemerken, dass es sonderbar ist, dass die Gewächse das Kohlenoxydgas nicht zersetzen, und dass sie das kohlensaure Gas zu Kohlenoxydgas niemals direct oder ohne Gegenwart von Wasserstoffgas reduciren.

§ 4.
Ueber das Verhalten der Pflanzen im Wasserstoffgas.

Alle von mir geprüften Samen keimen ohne Ausnahme im Wasserstoffgas nicht, wenn man sie mit einer kleinen Menge Wasser in dasselbe bringt. *Senebier* beobachtete, dass sie in demselben eine sehr beträchtliche Volumenverminderung hervorrufen. Sie bewirken diese Erscheinung durch ihre Fäulniss. Das luftförmige Fluidum, der Rückstand dieser Verdichtung, ist kohlensaures Gas. Das kohlensaure Gas, welches sie aus ihrer eigenen Substanz bilden, wird durch das Wasserstoffgas mit Hülfe der bei der Gährung entwickelten Wärme zersetzt; [210] es entsteht Wasser und das kohlensaure Gas, eines Theiles seines Sauerstoffs beraubt, wird in Kohlenoxydgas verwandelt.

Die vegetirenden grünen Pflanzen verhalten sich im Wasserstoffgas fast genau so wie im Stickgas. Die Pflanzen, welche in diesem verschmachten, verschmachten auch im Wasserstoffgas und diejenigen, welche im ersteren gedeihen, gedeihen auch im letzteren. Wenn es einen Unterschied in der Ueppigkeit der in diesen beiden Gasen vegetirenden Pflanzen giebt, so fällt er, wie es scheint, zu Gunsten der Vegetation im Stickgas aus. Man hat behauptet, dass die im Wasserstoffgas vegetirenden Pflanzen ein dunkleres Grün annehmen; von dieser Erscheinung konnte ich nichts bemerken.

Ich beobachtete beständig, dass die Sumpfpflanzen wie Lythrum salicaria und Polygonum persicaria, welche ich in der Sonne fünf oder sechs Wochen lang im Wasserstoffgas vegetiren liess, in demselben nur wenig oder kein Sauerstoffgas zurückliessen, während sie in demselben Zeitraum das Fünfzehn- oder Zwanzigfache ihres Volumens im Stickgas verbreiteten. Sehr wahrscheinlich rührt diese Erscheinung daher, dass die Pflanzen im Wasserstoffgas nicht vollständig alles gebildete kohlensaure Gas zersetzen können, [211] weil ein grosser Theil dieses sauren Gases vom Wasserstoffgas selbst zersetzt wird. Es entsteht, wie ich schon bemerkte, durch diese Zersetzung Wasser und Kohlenoxydgas. Das Sauerstoffgas, welches sie ohne Wasserstoffgas ausgeschieden haben würden, findet sich in diesen beiden Verbindungen verborgen. Hundert Theile (60 Cubikzoll Wasserstoffgas, welches fünf Wochen lang einer dem Licht ausgesetzten Pflanze von Lythrum salicaria als Atmosphäre gedient hatte, konnte nicht merklich durch Salpetergas [Stickoxyd] verkleinert werden. Das luftförmige Fluidum enthielt alsdann kein kohlensaures Gas; als ich dasselbe jedoch mit Sauerstoffgas im richtigen Verhältniss durch den elektrischen Funken verbrannt hatte, hinterliess es als Rückstand Wasser, drei Theile kohlensaures Gas und vier Theile Stickgas. Wasserstoffgas, in dem keine Pflanzen gewesen waren, und das zu einem Controllversuch benutzt wurde, lieferte bei der Verbrennung keine wahrnehmbare Menge kohlensauren Gases.

Das Volumen der Atmosphäre der Lythrumpflanze verkleinerte sich während ihres Vegetirens, aber in demselben Grade wie das Wasserstoffgas, das durch Wasser*) abgesperrt war [212] und sich nicht mit der Lythrumpflanze in Berührung befand. Bedenkt man, dass diese Pflanze Kohlenoxydgas bildete, und dass diese Gaszunahme nicht durch eine Volumenzunahme in dem luftförmigen Fluidum, welches der Recipient enthielt, bemerkbar wurde, so ergiebt sich, dass ein Ausgleich stattfand, und dass das Wasserstoffgas durch die Wirkung der vegetirenden Pflanze vermindert wurde. Die Pflanzen scheinen dies Gas nicht absorbirt zu haben. Sie verdichteten es, indem sie auf indirectem Wege Wasser bildeten.

§ 5.

Ueber das Verhalten der Pflanzen im luftleeren Raum.

Einige Samen können in dem durch die besten Luftpumpen hergestellten luftleeren Raum ein Anzeichen von beginnender Keimung geben; diese Erscheinung kann nicht überraschen, da nachgewiesen wurde, dass die Luftleere nicht vollkommen sein kann, [213] und weil überdies selbst die vollkommensten Maschinen niemals sorgfältig genug schliessen, um das Eindringen der Luft von aussen vollständig zu verhindern. Die Pumpe, deren ich mich bediente, stellte einen luftleeren Raum her, in welchem sich das Barometer zuerst auf drei Viertel Linien hielt, wenn kein Wasser in dem Recipienten vorhanden war; durch

---

*) Während eines Jahres hielt ich Wasserstoffgas in einem Recipienten, der Wasser enthielt und auf Quecksilber ruhte. Das Wasser nahm ungefähr sein eigenes Volumen Gas, aber nicht mehr auf. Als ich die metallische Flüssigkeit entfernte, hatte die Aufnahme des Wasserstoffgases durch das Wasser keine Grenzen. Es ist sehr wahrscheinlich, wie *Guyton* vermuthete, dass dies Gas von dem Wasser an die atmosphärische Luft abgegeben wird.

unmerkliches Eindringen der Luft von aussen stieg es in 24 Stunden um eine Linie. Die Erbsen keimten nach zwölf Tagen, selbst wenn ich von Neuem täglich den luftleeren Raum herstellte; doch ist die Entwickelung niemals über das erste Erscheinen des Würzelchens hinausgegangen. Vollständig entwickelte und mit Blättern versehene Erbsenpflanzen starben regelmässig ebenso wie die Sau- und Schminkbohnen nach Ablauf von drei Tagen im luftleeren Raum sowohl in der Sonne wie im Schatten ab, sie gehen gleichfalls im Schatten im Stickgas zu Grunde, doch halten sie sich zuweilen in der Sonne. Keine Pflanze mit zarten Blättern scheint mir ihre Lebensfähigkeit im luftleeren Raum in der Sonne bewahren zu können. Die dicksten Glieder oder Blätter von Cactus opuntia hielten sich während eines Monats in der Sonne im luftleeren Raum; ihre Epidermis allein vertrocknete zum Theil. Diese Blätter erlangten ihre Frische wieder, [214] als ich sie nach diesem Versuch in Gartenerde pflanzte; die weniger dicken Blätter des Cactus starben nach einigen Tagen in der Sonne im luftleeren Raum ab.

Eine Pflanze von Polygonum persicaria von ein Fuss Höhe, deren Wurzeln in eine Unze Wasser tauchten, wurde in den leeren Raum, von dem ich gesprochen habe und den ich täglich erneuerte, gestellt; sie verlängerte sich in demselben um mehrere Zoll; als sie nach Ablauf von sechs Wochen herausgenommen wurde, war sie ebenso gesund wie vor dem Versuch, wenn man zwei oder drei gelbgewordene Blätter aus der Nähe der Wurzeln ausnimmt. Dieselben Ergebnisse erhielt ich mit Epilobium molle, E. hirsutum, Lythrum salicaria und Inula dysenterica; alle diese Gewächse gediehen ebenso gut im luftleeren Raum wie unter einem mit gewöhnlicher Luft gefüllten Recipienten. Ihre Transpiration war in beiden Fällen die gleiche.

Die soeben besprochenen Versuche wurden am hellen, lichten Tage, aber im Schutze vor der directen Wirkung der Sonne angestellt; die Pflanzen welkten, wenn sie derselben ausgesetzt wurden, selbst wenn die Strahlen schwach waren, und wenn sie keine Wirkung auf gleiche in mit gewöhnlicher Luft oder reinem Stickgas gefüllten Recipienten eingeschlossene Pflanzen ausübten. [215] Wahrscheinlich halten die Pflanzen sich im luftleeren Raum nur mit Hülfe des in ihrem Parenchym eingeschlossenen Sauerstoffgases, und leiden durch die Sonne, indem dies Gas durch die Ausdehnung, welche es durch sie erfährt, ausgetrieben wird. Die Sonnenstrahlen üben im Stickgas auf die Pflanzen nicht denselben Einfluss aus, da das Sauerstoffgas, welches sie enthalten, durch das ganze Gewicht der Atmosphäre zusammengedrückt wird.

Die Pflanzen scheinen sich im luftleeren Raum nur mit Hülfe des durch die grünen Theile ausgeschiedenen Sauerstoffgases zu halten und zu entfalten. Die Samen, welche nur ihr Würzelchen trieben, sterben darin ab. Die Holzgewächse vermochten darin im Frühling ihre Blätterknospen nicht zu entfalten.

Die Knospen von Rose, Lilie und Nelke sind darin wie gelähmt. Man sieht, dass die Pflanzen sich in vieler Beziehung im luftleeren Raum wie im Stickgas, Wasserstoffgas u. s. w. verhalten. Die Beseitigung des Gewichtes der Atmosphäre oder die Ausdehnung, welche die Pflanze durch diese Beseitigung erfahren muss, scheint keinen sehr merklichen Einfluss auf die vegetirenden Pflanzen zu haben. Der Entzug des Sauerstoffgases allein ist ihr schädlich.

[216] *Rückblick.*

Nur die mit grünen Theilen versehenen Pflanzen scheinen in sauerstoffgasfreien Medien vegetiren zu können, weil sie in denselben dies Gas verbreiten. Wenn man es ihnen in dem Maasse entzieht, wie sie es bilden, hält man ihre Entwicklung auf. Die Menge Sauerstoffgas, welche manche Pflanzen verlangen, um sich ohne Entwicklung erhalten zu können, ist nicht zu schätzen.

Die Pflanzen absorbiren das Stickgas nicht, ebenso wenig das Wasserstoffgas; sie verkleinern ein wenig die Menge des letzteren, aber diese Verminderung rührt daher, dass das Wasserstoffgas das von der Pflanze gebildete kohlensaure Gas zersetzt. Das Ergebniss dieser Zersetzung ist Wasser und Kohlenoxydgas.

Die grünen Theile lassen weniger Sauerstoff im Wasserstoff als im Stickstoff zurück.

Die in der Sonne im Kohlenoxydgas vegetirenden grünen Pflanzen zersetzen dasselbe nicht, sie fügen demselben Sauerstoffgas hinzu.

Die grünen Pflanzen vegetiren im Vacuum wie im Stickgas, vorausgesetzt, dass der Versuch vor der directen Wirkung der Sonnenstrahlen geschützt angestellt wird.

Siebentes Kapitel.
Von der Bindung und der Zersetzung des Wassers durch die Gewächse.

§ 1.

Untersuchungen über die Bindung des Wassers durch die Pflanzen, welche in atmosphärischer Luft, die frei von kohlensaurem Gas ist, vegetiren.

Diejenigen Schriftsteller, welche sich mit der Frage der Zersetzung des Wassers durch die Gewächse beschäftigt haben, brachten über diesen Gegenstand nur Vermuthungen vor, welche sich auf keinen directen Versuch stützen. *Senebier* sah niemals eine Pflanze, welche der Berührung mit dem kohlensauren Gas entzogen war, ein Volumen Sauerstoffgas ausscheiden, das grösser als das Volumen des Gewächses selbst war. Physiologie végétale, vol. III, p. 228 u. ff.) Diese Wirkung schien ihm zu gering, um die Zersetzung des Wassers zu beweisen. Ueberdies erkannte er, dass diese kleine Menge Sauerstoffgas welche geringer ist als das Volumen des Blattes, dem in seinem Parenchym versteckten kohlensauren Gase zuzuschreiben ist. Dieser gelehrte Physiologe verwirft indessen diese Zersetzung durch die Gewächse nicht; auf Grund sehr gelehrter Erwägungen und von Schlüssen, welche er aus der Keimung einiger Samen in reinem Wasser ohne scheinbare Berührung mit Sauerstoffgas zieht, hält er sie für wahrscheinlich; aber diese Beobachtung würde, selbst wenn sie richtig wäre, noch kein Beweis sein. Ich habe gezeigt, dass dies Ergebniss der im Wasser gelösten und nicht in seine Zusammensetzung eintretenden Luft zuzuschreiben ist. *Ingenhousz* betrachtete das Wasser als eine einfache Substanz. Indessen scheinen einige seiner Beobachtungen geeignet zu sein, die Zersetzung dieser Flüssigkeit anzuzeigen. Er sah, dass fleischige Pflanzen eine Atmosphäre nicht erneuerter gewöhnlicher Luft verbessern; da aber seine eudiometrischen Hülfsmittel nicht im Stande waren, absolute Mengen anzugeben, da das Volumen des Gewächses und das des gebildeten Gases nicht bekannt sind, so kann man immerhin glauben, dass das Volumen des ausgeschiedenen Sauerstoffgases kleiner ist, als das Volumen der zum Versuch benutzten Pflanze. *Spallanzani**),

---

* Journal de Physique, pluviose an 7.

der dieselben Resultate mit in Kalkwasser untergetauchten fleischigen Pflanzen erhalten hat, [219] lässt uns gleichfalls in Ungewissheit über das Volumen des Gewächses. *Senebier* hat beim Zergliedern und Wiederholen dieser letzteren Versuche klar gezeigt, dass sie aus denselben Gründen, welche ich weiter oben mitgetheilt habe, nicht beweisend sind.

Der berühmte *Berthollet*, dessen Urtheil stets von sehr grossem Gewicht ist, erkannte die Zersetzung des Wassers beim Vegetiren der Pflanzen als richtig an, aber vielmehr auf Grund eines Raisonnements, als neuer Versuche. Mehrere Schriftsteller, die zu citiren überflüssig wäre, nahmen diese Zersetzung an, freilich ohne Beweise und sogar ohne die Frage zu erörtern.

Die Pflanzen, welche mit Hülfe reinen Wassers in Sauerstoffgas oder gewöhnlicher Luft vegetiren, die vor dem Versuche mit Kalkwasser gewaschen worden waren, können im grünen saftigen Zustande ihr Gewicht darin vergrössern, wenn sie sich entwickeln, ohne irgend einen ihrer Theile zu verlieren oder vertrocknen zu lassen. Dies Ergebniss beweist weder die Zerlegung des Wassers noch selbst die Bindung des Sauerstoffs und Wasserstoffs des Wassers in der Pflanze; diese kann durch die blosse Einführung von flüssigem oder von Vegetationswasser in die saftleitenden Gefässe oder in das Zellgewebe an Gewicht zunehmen; denn die Erfahrung hat seit langem bewiesen, [220] dass das Wasser in den Pflanzen nach Verhältniss der Feuchtigkeit des Bodens und ihres Etiolements zunehmen kann.

Ob die Trockensubstanz der Gewächse durch die Bindung der constituirenden Bestandtheile des Wassers zunimmt, kann man beurtheilen, wenn man bei Lufttemperatur eine ähnliche und an Gewicht derjenigen gleiche Pflanze, welche man im geschlossenen Gefäss mit Hülfe reinen Wassers und Sauerstoffgases vegetiren liess, trocknet, und wenn man zusieht, ob sie, nachdem sie unter diesen Umständen vegetirt hat, mehr wiegt, als sie getrocknet vor dem Versuche wog, und als die Pflanze wiegt, welche zum Vergleich dient. Es ist überflüssig hinzuzufügen, dass die beiden Pflanzen in demselben Reifezustand und auf demselben Boden geerntet, und dass sie immer bei dem nämlichen Grad des Thermometers und Hygrometers gewogen werden müssen.

Die vielfachen Experimente, welche ich nach diesem Verfahren anstellte, zeigten mir, dass die Pflanzen, welche in einem verschlossenen Gefäss allein mit Wasser in atmosphärischer Luft, die frei von kohlensaurem Gas ist, vegetiren, kaum das Gewicht ihrer vegetabilischen Substanz, auf Trockensubstanz bezogen, vergrössern, und dass sie es, wenn überhaupt, nur um eine sehr kleine und beschränkte Menge vergrössern, oder dass, wenn die Pflanze längere Zeit fortfährt zu vegetiren, es nicht mehr vergrössert werden kann. [221] Aus den zahlreichen Versuchen, welche ich über diesen Gegenstand anstellte, wähle ich diejenigen aus, welche mir die entschiedensten Ergebnisse lieferten.

Im Juni stellte ich in einen 4,95 Liter oder 250 Cubikzoll gewöhnliche Luft, welche frei von kohlensaurem Gas war, fassenden Recipienten drei Lysimachiapflanzen (Lysimachia vulgaris), deren Wurzeln unter demselben in ein Hundertstel Liter destillirten Wassers tauchten. Sie wurden der abwechselnden Wirkung der Nacht und der in ihrer zu grossen Intensität gemilderten Sonne ausgesetzt; diese Pflanzen wogen grün 6,96 Gramm oder $129\frac{1}{4}$ Gran und nahmen einen Raum von 10 Cubikcentimetern oder $\frac{1}{2}$ Cubikzoll ein.

Andere Lysimachien von gleichem Gewicht wie dem angegebenen erntete und trocknete ich bei Lufttemperatur. Ihre getrocknete vegetabilische Substanz wog 2,05 Gramm ($38\frac{1}{4}$ Gran) bei einem bestimmten Thermometer- und Hygrometergrad; diese Pflanzen waren zu gleicher Zeit und an demselben Orte wie diejenigen, welche unter dem Recipienten wuchsen, ausgerissen worden.

Nach acht Tagen erlöste ich die letzteren aus ihrer Gefangenschaft; sie waren vollständig gesund; [222 sie hatten sich verlängert, aber nicht merklich die sie umgebende Luft weder an Reinheit noch an Volumen verändert; sie wogen nun grün 7,43 Gramm (141 Gran) und getrocknet bei dem nämlichen Grad wie die vorhergehenden 2,159 Gramm ($40\frac{1}{2}$ Gran). Sie hatten also ihre Trockensubstanz um $2,159 - 2,05 = 109$ Milligramm oder um zwei Gran*) vermehrt. Wenn diese 109 Milligramm nur aus dem Wasserstoff des Wassers gebildet worden wären, so hätten die Pflanzen unter dem Recipienten all den Sauerstoff ausscheiden müssen, mit dem die 109 Milligramm Wasserstoff verbunden gewesen sein mussten, d. h. wenigstens 436 Cubik-

---

*) In diesen zwei Gran ist der Sauerstoff, welchen die Pflanze in der atmosphärischen Luft assimilirte, eingeschlossen; aber die Menge kohlensaures Gas, welches die Pflanze bildete, und welches sie bei der Assimilation zersetzte, ist so klein, dass ich diese Zunahme in meinem Resultat nicht in Rechnung stellen kann.

centimeter oder 22 Cubikzoll Sauerstoffgas, eine Menge also, welche theils durch die Volumenzunahme, theils durch die eudiometrische Probe hätte auffallen müssen. Da sie nun aber in diesem Versuch keine bestimmbare Menge Sauerstoffgas ausschieden, so ergiebt sich daraus, dass sie sich ausser dem Wasserstoff des Wassers fast die ganze Menge seines Sauerstoffs aneigneten.

[223] Der soeben mitgetheilte Versuch wurde wiederholt, indem ich ihn auf die doppelte und dreifache Zeit ausdehnte, d. h. indem ich die Pflanze in einem geschlossenen Gefäss vierzehn Tage und einen Monat vegetiren liess; aber die Lysimachien, von gleichem Gewicht wie die vorhergehenden, vermochten niemals ihre vegetabilische Substanz um mehr als 2 Gran zu vergrössern, zuweilen vermehrten sie dieselbe überhaupt nicht, obgleich sie sich um mehrere Zoll verlängerten.

Sieben Immergrünpflanzen (Vinca minor L.), welche zusammen 7,855 Gramm oder 148 Gran wogen, und welche 2,375 Gramm (44¾ Gran) Trockensubstanz enthielten, wurden in einen Recipienten unter ähnliche Verhältnisse wie im vorhergehenden Versuch gebracht; sie nahmen einen Raum von 10 Cubikcentimetern (½ Cubikzoll) ein. Diese Pflanzen erfuhren nicht die geringste Veränderung, weder an Reinheit noch an Volumen veränderten sie ihre Atmosphäre; nach dem Trocknen wogen sie nun 46½ Gran; ihre Trockensubstanz hat sich demnach um 93 Milligramm (1¾ Gran) vermehrt, welche nicht der blossen Assimilation des Wasserstoffgases des Wassers zugeschrieben werden können, da diese Wirkung eine Ausscheidung von 19 Cubikzoll Sauerstoffgas voraussetzen würde, [224] welche nicht wahrgenommen worden ist. Diesen Versuch wiederholte ich mehrmals, indem ich ihn bedeutend verlängerte; aber die Assimilation von Wasser durch das Gewächs war niemals beträchtlicher gewesen.

Zwei Pflanzen von Mentha aquatica, welche grün 157 Gran wogen, nahmen im frischen Zustande um 17 Gran an Gewicht zu, als sie in einem geschlossenen Gefäss mit Hülfe von reinem Wasser in atmosphärischer Luft vegetirten; ihre Trockensubstanz ist jedoch um nicht mehr als 1 Gran angewachsen. Als ich diesen Versuch mit gleichen Pflanzen längere Zeit fortsetzte, war die Zunahme nicht beträchtlicher. In diesem wie in den vorhergehenden Versuchen veränderte sich die Atmosphäre der Pflanze weder an Reinheit noch an Volumen.

Ich muss bemerken, dass ich nur auf Ergebnisse Rücksicht genommen habe, bei welchen die Pflanzen nicht litten; denn

[225] § 2.

Ueber die Bindung des Wassers durch die Pflanzen, welche in einem Gemisch aus gewöhnlicher Luft und kohlensaurem Gas vegetiren.

Die Bindung des Wassers in den vorhergehenden Experimenten lieferte so geringe Ergebnisse, dass sie kaum ausserhalb der Grenze der Beobachtungsfehler fallen; ich glaube jedoch, dass die Ursache davon nicht schwer zu erklären ist. Es ist sehr wahrscheinlich, dass die Mengen Sauerstoff und Wasserstoff über gewisse Grenzen hinaus in den Gewächsen nicht vergrössert werden können, wenn nicht der Antheil ihres Kohlenstoffes in demselben Verhältnisse wächst. In Folge dessen liess ich Pflanzen in einem Gemisch aus gewöhnlicher Luft und kohlensaurem Gas vegetiren, damit sie Kohlenstoff assimilirten. Alsdann waren die Ergebnisse jedesmal, wenn die Vegetation nicht gelitten hatte, deutlicher. Augenscheinlich vermehrten die Pflanzen ihre Trockensubstanz um eine grössere Menge, als diejenige betrug, welche sie aus den Elementen des sauren Gases schöpften.

226 Bei dieser Gelegenheit komme ich auf die Versuche zurück, welche ich Kap. II, § 4 über die Zersetzung des kohlensauren Gases mittheilte. Damals gab ich nicht alle Einzelheiten an. Aus dem ersten Experiment ersah man, dass sieben Immergrünpflanzen, welche mit Hülfe reinen Wassers in einem Gemisch aus gewöhnlicher Luft und kohlensaurem Gas vegetirt hatten, den in 431 Cubikcentimetern (21$\frac{3}{4}$ Cubikzoll) kohlensaurem Gas enthaltenen Kohlenstoff oder nach *Lavoisier* eine Kohlenstoffmenge gleich 217 Milligramm (4,2 Gran) assimilirt hatten; ausserdem eigneten sie sich aus demselben Gase noch 139 Cubikcentimeter (7 Cubikzoll) Sauerstoffgas an; doch darf ich diese letztere Assimilation vernachlässigen, weil sie als Ersatz dafür eine gleich grosse Menge Stickgas verloren. Diese beiden entgegengesetzten Wirkungen heben sich nahezu gegenseitig auf. Vor dem Versuch wogen diese Pflanzen grün 8,955 Gramm (168$\frac{3}{4}$ Gran) und enthielten 2,707 Gramm 51 Gran) Trockensubstanz. Nach der Zerlegung des sauren Gases lieferten sie getrocknet 3,237 Gramm (61 Gran). Sie vermehrten also ihre Trockensubstanz um 531 Milligramm (10 Gran), von denen nur 217 Milligramm (4,2 Gran) dem sauren Gase zugeschrieben werden können. [227] Das Immergrün hat demnach bei diesem Versuch 315 Milligramm (5,8 Gran) Wasser gebunden oder in feste Substanz verwandelt.

Zwei Pflanzen von Mentha aquatica, Kap. II, § 4, Exper. II, zersetzten 309 Cubikcentimeter (15,6 Cubikzoll) kohlensaures Gas, welche nach *Lavoisier* 159 Milligramm (3 Gran) Kohlenstoff enthalten. Vor dem Versuch lieferten sie 1,698 Gramm oder 32 Gran, nach dem Versuch 2,016 Gramm oder 38 Gran Trockensubstanz; demnach vergrösserten sie ihre Trockensubstanz um 318 Milligramm oder 6 Gran, von denen 159 Milligramm (3 Gran) der Bindung von Wasser zugeschrieben werden müssen.

Solche Ergebnisse setzen Bedingungen voraus, welche sich nur selten zusammenfinden; die Pflanze muss in allen ihren Theilen gesund bleiben; wenn nur ein einziges Blatt unter dem Recipienten welkt, oder wenn die Wurzeln Schaden leiden, zeigt sich im trocknen Zustande das Gewicht der Pflanze oft vermindert, obgleich sie eine grosse Menge kohlensaures Gas zerlegt.

[228] § 3.

Von der Zerlegung des Wassers durch die Gewächse.

Da die Pflanzen sich den Sauerstoff und Wasserstoff des Wassers aneignen, so kann man vermuthen, dass sie unter bestimmten Umständen den Sauerstoff, welcher einen Bestandtheil dieser Flüssigkeit ausmacht, aushauchen müssen. Die über einander gehäuften todten Gewächse, welche ohne Berührung mit Luft gähren, bilden kohlensaures Gas ausschliesslich aus ihrer eigenen Substanz. Bei diesem Vorgange verbindet sich, unterstützt von der bei der Gährung entstehenden Wärme, der Sauerstoff des während des Vegetationsprocesses gebundenen oder in feste Substanz übergeführten Wassers mit dem Kohlenstoff, um saures Gas zu bilden, und die vegetirenden Pflanzen scheiden, indem sie dasselbe zersetzen, den Sauerstoff aus, welcher ursprünglich dem Wasser angehört hatte. Doch scheinen sie in keinem Falle dasselbe direct zu zersetzen, indem sie sich seinen Wasserstoff aneignen und unmittelbar seinen anderen Bestandtheil in der Form von Sauerstoff entbinden.

Die grünen Pflanzen, welche Tag und Nacht in Stickgas vegetirten, verbreiten dort das Mehrfache ihres Volumens an Sauerstoffgas, [229] weil sie, da sie in den ersten Stadien dieser Vegetation der Berührung mit diesem Gase entzogen sind, kohlensaures Gas, welches sie zersetzen, ausschliesslich aus ihrer eigenen Substanz bilden. Aber dieselben Pflanzen oder wenigstens diejenigen, welche nicht fleischig sind, fügen einer Atmosphäre aus gewöhnlicher Luft oder Sauerstoffgas, worin sie Tag und Nacht vegetiren, kein Sauerstoffgas hinzu; und nur in solchen Atmosphären kann man beurtheilen, ob sie direct Wasser zerlegen, weil das von ihnen dort gebildete kohlensaure Gas das Ergebniss der Verbindung ihres Kohlenstoffs mit dem Sauerstoffgas der umgebenden Luft und nicht das ausschliessliche Product ihrer eigenen Substanz ist*).

[230] Mit Hülfe von Wasser liess ich vier Monate lang in der Sonne in 10 Cubikzoll atmosphärischer Luft, die durch Wasser und Quecksilber abgeschlossen war, Lythrum salicaria vegetiren; mehrmals erneuerte ich diese Pflanze, damit sie keine Veränderung erleiden möchte. Nach diesem lang ausgedehnten Versuch enthielt die Luft des Recipienten $\frac{1}{100}$ Sauerstoffgas weniger, als zu der Zeit, da sie der Wirkung der vegetirenden Pflanzen ausgesetzt wurde; und dennoch waren letztere in ihr stets sehr kräftig.

Ebenso liess ich unter denselben Umständen drei Monate lang Polygonum persicaria vegetiren; die sie umgebende gewöhnliche Luft erlitt keine Verbesserung, keine wahrnehmbare Veränderung.

Alle anderen Pflanzen mit zarten Blättern, welche ich solchen Versuchen unterwarf, lieferten mir die nämlichen Ergebnisse.

---

*) Die Ergebnisse der folgenden Versuche widersprechen nicht den soeben mitgetheilten. Ich liess in der Sonne drei Wochen lang mit Hülfe von Wasser unter zwei gleichen mit gewöhnlicher Luft gefüllten Recipienten zwei Pflanzen von Mentha aquatica vegetiren. In jeden Recipienten brachte ich neben die vegetirende Pflanze eine verwelkte, aber nicht vertrocknete und nicht vollständig todte Mentha, doch war diese verwelkte Menthapflanze in dem einen Recipienten mit dem zu seinem Verschluss dienenden Wasser bedeckt, während sie in dem anderen Recipienten in der in ihm enthaltenen Luft aufgehängt war. Die in der Nachbarschaft dieser letzteren vegetirende Pflanze verbesserte ihre Atmosphäre nicht, während die mit der untergetauchten Pflanze das Mehrfache ihres Volumens an Sauerstoffgas der sie umgebenden gewöhnlichen Luft zufügte. Der verschiedene Ursprung [230] des unter diesen Umständen von den verwelkten Pflanzen gebildeten kohlensauren Gases erklärt diese Resultate. Die untergetauchte Pflanze lieferte das gesammte saure Gas aus ihrer eigenen Substanz, während diejenige aus der Luft nur den Kohlenstoff des sauren Gases hergab.

Die einzige Wirkung, welche überraschen könnte, besteht darin, dass sie ihre Atmosphäre nicht merklich verschlechterten, indem sie bei der Zersetzung des von ihnen gebildeten kohlensauren Gases dessen Sauerstoffgas absorbirten. Doch muss beachtet werden, [231] dass die in das nicht erneuerte Wasser tauchenden Wurzeln, da sie der Berührung mit Sauerstoffgas entzogen waren, ausschliesslich aus ihrer eigenen Substanz eine kleine Menge kohlensaures Gas bilden mussten, und dass die Zerlegung desselben durch die Blätter fast genau die Absorption des Sauerstoffgases ausgleichen konnte.

Ich bemerkte in der That bei diesen Versuchen oft, dass die Wurzeln eine kleine Menge Luft frei machen, besonders wenn sie dem Licht ausgesetzt wurden. Im Schatten wurde dies Gas von der Pflanze in dem Maasse absorbirt, wie es gebildet wurde.

Wenn die Pflanzen im Wasser eine überflüssige Menge Sauerstoffgas fänden, würden sie allen Sauerstoff des kohlensauren Gases, welches sie zersetzen, ausscheiden; die im Kap. II mitgetheilten Versuche haben jedoch bewiesen, dass sie einen Theil desselben assimiliren. Das Sauerstoffgas, welches sie in dem sie ernährenden Wasser fanden, genügte also nicht zu ihrer Ernährung.

Cactus opuntia (und wahrscheinlich auch andere fleischige Pflanzen)*) scheint auf den ersten Blick Ergebnisse darzubieten, die von den soeben mitgetheilten eine Ausnahme machen. 232 Der Cactus kann, indem er Tag und Nacht unter demselben mit atmosphärischer Luft, die vorher ihres kohlensauren Gases beraubt wurde, gefüllten Recipienten wächst, das Mehrfache seines Volumens an Sauerstoffgas ausgeben. Mit dieser Pflanze stellte ich den folgenden Versuch an; ich wiederholte ihn viermal unter denselben Verhältnissen und mit den gleichen Ergebnissen. Die Einzelheiten, welche ich mittheilen will, werden die Genauigkeit meines Verfahrens zeigen.

Im Juni pflückte ich bei Sonnenuntergang ein Blatt oder ein Glied von Cactus ab, das einen Raum von 15 Cubikcentimeter ($\frac{3}{4}$ Cubikzoll) einnahm; es wurde in ein Glas mit Fuss gesetzt, das auf dem Grunde 10 Cubikcentimeter oder $\frac{1}{2}$ Cubikzoll destillirtes Wasser enthielt; das Blatt berührte bloss mit seiner Spitze

---

*) Ich unterwarf denselben Versuchen Sempervivum tectorum, Stapelia variegata und Sedum telephium; doch konnten sie nicht lange genug, ohne Schaden zu nehmen, eine sehr feuchte Atmosphäre ertragen.

oder mit seinem keilförmigen Ende die Oberfläche dieser Flüssigkeit. Das Ganze wurde mit einem genügend hohen Recipienten bedeckt, damit die Veränderung um $\frac{1}{4}$ Cubikzoll in dem vorhandenen Luftvolumen wahrnehmbar sein möchte. Diese Luft, welche frei von kohlensaurem Gas war, nahm 817 Cubikcentimeter ($42\frac{3}{4}$ Cubikzoll) ein. Als bei Erschöpfung des in dem Glase enthaltenen Wassers der Cactus ausser Berührung mit demselben kam, konnte ich ihn, ohne ihn herausnehmen zu müssen, [**233**] mit einer neuen Menge versehen, indem ich den Recipienten in gekochtes Wasser tauchte und wieder emporhob. Durch diese in sein Inneres hineinsteigende Flüssigkeit war er abgesperrt; und der Grund der Schale, auf welcher er ruhte, war mit Quecksilber erfüllt. Nach 31 Tagen nahm ich die Pflanze heraus, welche ebenso gesund zu sein schien wie damals, als ich den Versuch ansetzte; sie hatte Wurzeln von 2,7 Decimeter (1 Zoll) Länge getrieben und ihre Atmosphäre hatte sich um 69 Cubikcentimeter $3\frac{1}{2}$ Cubikzoll) vergrössert. Das Eudiometer zeigte in den 917 Cubikcentimetern ($46\frac{1}{4}$ Cubikzoll) Luft (wenn wir das Mittel aus fünf Beobachtungen ziehen) 25 Hundertstel und vor der Einbringung der Pflanze 21 Hundertstel Sauerstoffgas an. Aus diesen Angaben geht hervor, dass der Cactus in dem Zeitraum von einem Monat in der Sonne das dreiundeinhalbfache seines Volumens an Sauerstoffgas ausgeschieden hatte, das nur der Zersetzung des Wassers zugeschrieben werden konnte.

Doch scheint es, dass die Pflanze nicht direct diese Zersetzung bewirkte, oder dass sie sich nicht unmittelbar den Wasserstoff des Wassers aneignete, indem sie dessen Sauerstoff ausschied. Ein vertiefteres Studium führt dazu zu glauben, [**234**] dass sie nur in der Sonne ausschliesslich aus ihrer eigenen Substanz kohlensaures Gas bildete und wieder zersetzte.

Man muss jedoch beachten 1., dass die inneren Theile des Cactus mit Rücksicht auf seine geringe Oberfläche und den Mangel an Porosität seiner Epidermis*) nicht in unmittelbarer Berührung mit dem Sauerstoffgas stehen, wenn die Sonne die freie Luft, welche in ihn eingedrungen war, austreibt; sie befinden sich nach dieser Austreibung fast unter denselben

---

*) Die Blattepidermis der fleischigen Pflanzen hat viel weniger Poren als die anderer Pflanzen. Diese bemerkenswerthe Beobachtung verdankt man *Decandolle*.

Verhältnissen, wie wenn man sie der Destillation in einem geschlossenen Gefäss unterworfen hatte, oder wenn sie in Stickgas vegetirt hätten; sie bilden das kohlensaure Gas ausschliesslich aus ihrer eigenen Substanz. Mit den zarten Blättern verhält es sich nicht ebenso; alle ihre Theile sind mit der umgebenden Luft in Berührung, nicht nur, weil ihr Parenchym weniger dicht ist, sondern auch, weil ihre Epidermis unter sonst gleichen Verhältnissen mit einer viel grösseren Zahl von Poren versehen ist. Die Verbesserung, welche der Cactus in seiner Atmosphäre bewirkt, ist sehr gering; [235] nach vierundzwanzig Stunden ist sie unter den günstigsten Umständen nur dem dreizehnten Theile des Blattvolumens gleich.

2. Ein directer Versuch bewies mir, dass der Cactus Sauerstoffgas nur in Folge der Zerlegung des kohlensauren Gases ausscheidet. Während eines Monats liess ich Cactusse unter solchen Verhältnissen vegetiren, in welchen sie dreiundeinhalbes Mal ihr Volumen an Sauerstoffgas gebildet hatten; doch hing ich in dem oberen Theil des Recipienten ein mit Kalilauge gefülltes Gefäss auf; alsdann führte der Cactus seiner Atmosphäre kein Sauerstoffgas mehr zu; er veränderte dieselbe nicht, und die Kalilauge brauste auf; die Pflanze nahm indessen keinen Schaden; wie im vorhergehenden Versuch trieb sie Wurzeln. Das Kali entzog in diesem Versuch dem Gewächs nicht jenes kohlensaure Gas, welches dasselbe im Dunkeln mit dem Sauerstoffgas der umgebenden Luft bildete: diese Kohlensäure hielt der Cactus in seinem dichten Parenchym zurück; das Kali entzog der Pflanze nur das Gas, welches sie aus ihrer eigenen Substanz erzeugte. Indem ich Kalkwasser unter den Recipienten brachte, sah ich, dass dies letztere saure Gas nur in der Sonne gebildet wurde.

3. In Kap. II, § 4, Exper. V zeigte ich, dass der Cactus, welcher mit Hülfe von Wasser in einem Gemisch aus gewöhnlicher Luft und kohlensaurem Gas vegetirt, wie andere Pflanzen, indem sie letzteres Gas zersetzen, einen beträchtlichen Theil des Sauerstoffs desselben zurückhält. [236] Diese Pflanze findet demnach im Wasser allein keine hinreichende Menge Sauerstoff; sie ist deshalb auch weit davon entfernt, unter den für sie günstigsten Vegetationsbedingungen diesen Bestandtheil des Wassers als überflüssig zurückweisen zu können.

4. Mit der grössten Sorgfalt forschte ich nach, ob die Cactusse, welche dreiundeinhalbes Mal ihr Volumen an Sauerstoffgas ausgeschieden hatten, als sie einen Monat lang in atmo-

sphärischer Luft, welche frei von kohlensaurem Gas war, vegetirten, bei diesem Verfahren ihre Trockensubstanz*) vermehrt hatten; ich fand jedoch keine Zunahme; es schien mir sogar, als ob diese Substanz beständig eine kleine Gewichtsverminderung erlitten hätte.

Rückblick.

Indem die Pflanzen sich den Sauerstoff und Wasserstoff des Wassers aneignen, verliert dasselbe so seinen flüssigen Zustand. [237] Diese Assimilation tritt nur deutlich hervor, wenn die Pflanzen sich zu gleicher Zeit Kohlenstoff einverleiben.

Das durch die Gewächse gebundene oder in feste Substanz verwandelte Wasser kann wahrscheinlich seinen Sauerstoff in Form von Gas erst nach dem Tode der Pflanze oder eines seiner Theile verlieren. Wenn die Gewächse, welche Sauerstoff und Wasserstoff des Wassers assimilirten, ohne freie Berührung mit Sauerstoff zu gähren anfangen, so erzeugen sie alsdann kohlensaures Gas ausschliesslich aus ihrer eigenen Substanz. Der Sauerstoff des gebundenen Wassers kann sich mit ihrem Kohlenstoff zur Bildung von kohlensaurem Gas vereinigen; und die Pflanzen oder die vegetirenden Theile scheiden, indem sie den Sauerstoff dieses letzteren entbinden, mittelbar einen ursprünglich dem Wasser angehörenden Bestandtheil aus.

So kann durch die Mitwirkung der Vegetation und der ohne Berührung mit Luft vor sich gehenden Gährung das Wasser seinen wichtigsten Bestandtheil in der Form von Sauerstoffgas entweichen lassen.

Aber in keinem Falle zersetzen die Pflanzen direct das Wasser, indem sie seinen Wasserstoff assimiliren und seinen Sauerstoff in der Gestalt von Gas ausscheiden: sie hauchen das Sauerstoffgas nur bei unmittelbarer Zersetzung des kohlensauren Gases aus.

[238] Die Pflanzen mit zarten Blättern, welche mit Hülfe von reinem Wasser in einem Gemisch von Sauerstoffgas und Stickgas unter der abwechselnden Einwirkung von Sonne und Nacht vegetiren, führen demselben kein Sauerstoffgas zu und geben äusserlich nicht zu erkennen, dass das Wasser direct zersetzt

---

*) Um den Cactus zu trocknen, tauchte ich ihn einige Augenblicke lang in kochendes Wasser und setzte ihn darauf der Sonne aus.

wird. Man kann das Sauerstoffgas, welches sie in reinem Stickgas oder unter Wasser von sich geben, nicht der unmittelbaren Zersetzung des Wassers zuschreiben, weil sie jedesmal, wenn sie sich in einem sauerstoffgasfreien Medium befinden, kohlensaures Gas ausschliesslich aus ihrer eigenen Substanz bilden. Einige fleischige Pflanzen fügen, wenn sie in gewöhnlicher Luft, welche frei von kohlensaurem Gas ist, vegetiren, dieser Atmosphäre eine Menge Sauerstoffgas zu, welche das Mehrfache ihres Volumens übersteigt; dies Gas rührt jedoch, obgleich es ursprünglich dem Wasser angehört haben kann, als letztes Ergebniss nur von der Zersetzung des kohlensauren Gases her, welches sie in der Sonne vollständig aus ihrer eigenen Substanz erzeugen; denn wenn man in ihre Nähe einen Körper bringt, der fähig ist, dies saure Gas zu absorbiren, so führen sie dem Medium, in welchem sie Tag und Nacht vegetiren, kein Sauerstoffgas mehr zu; sie geben kein Anzeichen mehr von einer directen Zersetzung des Wassers, obgleich sie kräftig vegetiren. [239] Die Eigenschaft, welche den fleischigen Pflanzen ausschliesslich zukommt, aus ihrer eigenen Substanz kohlensaures Gas zu bilden, rührt von der geringen Porosität ihrer Epidermis oder von der geringen Berührung, welche ihre inneren Theile mit dem Sauerstoffgas der umgebenden Luft hat, her.

Man kann nicht daran zweifeln, dass der grösste Theil des Wasserstoffs, welchen die einjährigen Pflanzen erwerben, indem sie sich an freier Luft mit Hülfe von destillirtem Wasser entwickeln, aus dieser Flüssigkeit stammt, welche durch sie in feste Substanz verwandelt wird. Dasselbe muss man von dem Sauerstoff des Wassers behaupten; denn man kann theils aus dem kohlensauren Gas, welches diese Pflanzen in einem gegebenen Zeitraum zersetzen können, theils aus der geringen Veränderung, welche durch sie gewöhnliche Luft erfährt, entnehmen, dass die Menge Sauerstoff, welche die Pflanzen aus den atmosphärischen Gasen schöpfen, nicht genügt, um die Menge zu erklären, welche sie in dem kurzen Zeitraum ihrer Entwickelung erlangen. Man darf nicht vergessen, dass bei der Zersetzung der meisten getrockneten Gewächse Wasser am reichlichsten gebildet wird, und dass der Sauerstoff ihr wichtigster Bestandtheil ist.

[240] Achtes Kapitel.

Von der Aufnahme der Lösungen durch die Wurzeln der Pflanzen.

§ 1.

Wasser und Luft sind als Nahrungsmittel unzureichend, um die vollständige Entwicklung der Gewächse zu bewirken.

Die Wurzeln der Pflanzen sind zu enge Filter, um andere Stoffe als Flüssigkeiten aufnehmen zu können. Wenn sie feste Körper eindringen lassen, so müssen dieselben so verdünnt, so zerkleinert sein, dass ihre Vertheilung in der Flüssigkeit alle Anzeichen einer wirklichen Lösung besitzt*). Die Untersuchungen über die Aufnahme 241, von Lösungen durch die Gewächse sind für die Theorie ihrer Ernährung sehr wichtig, weil sie uns zur richtigen Schätzung der Menge und der Art der Nahrung, welche sie sich mit ihren Wurzeln aus dem Boden aneignen können, führen.

Tull, Vanhelmont und selbst einige neuere Naturforscher versuchten zu zeigen, dass die Gewächse aus dem Humus**) nur Wasser schöpfen, und dass der Dünger 242] nur insofern

---

*) Einen Monat lang ernährte ich dreissig Pflanzen von Polygonum persicaria und der Pfefferminze mit destillirtem Wasser, dem ich ein bestimmtes Gewicht fein vertheilter Kieselerde beigemischt hatte, die zum Theil mit Hülfe einer kleinen Menge in dieser Flüssigkeit gelösten Zuckers suspendirt blieb. [241] Nach dem Versuch fand ich weder durch Veraschung der Pflanzen, noch durch eine genaue Prüfung des Rückstandes der eingesogenen Flüssigkeit, dass diese Erde in wahrnehmbarer Weise in das Gewächs eingedrungen war. *Bonnet* liess einige Gewächse Tinte aufnehmen, doch wurde von dem gefärbten nicht gelösten Theil nur eine unwägbare Menge aufgenommen. Er würde viel reichlicher durch die vollkommensten Filter, die wir anfertigen können, eingedrungen sein.

**) Ich halte es für unnöthig, hier die Versuche von *Vanhelmont, Tillet, Bonnet* und *Duhamel*, welche die hauptsächlichsten Stützen dieser Theorie waren, aufzuzählen. Die Unvollkommenheit ihrer Methoden ist genügend von *Bergmann, Kirwan* und *Hassenfratz* nachgewiesen worden; sie hoben besonders hervor, dass die Gefässe, in welchen *Tillet* und *Vanhelmont* Pflanzen vegetiren liessen, porös und in Humus eingegraben waren, was die von diesen Autoren erhaltenen Ergebnisse beeinflussen konnte. *Duhamel*'s Eiche wurde mit einem bereits von Natur mit Extractstoffen beladenen Wasser begossen; *Bonnet*'s Pflanzen dienten zur Unterlage mehr oder minder in Wasser lösliche Substanzen.

auf den Boden wirke, dass er den Pflanzen ein mehr oder weniger geeignetes Hülfsmittel biete, um die Wärme und Feuchtigkeit zurückzuhalten. Diese Schriftsteller setzten voraus, dass die Lebenskraft sowohl der Thiere wie der Pflanzen, indem sie auf verschiedene Weisen die atmosphärische Luft und das Wasser zersetzt oder bindet, alle Stoffe, selbst die Salze, die Erden und die Metalle, welche die Analyse und die Veraschung in den Gewächsen aufweist, bilden könne. Diese verworrene Vorstellung kann ebenso wenig bewiesen werden wie diejenige, Gold zu machen aus Stoffen, welche keins enthalten. Vordem man seine Zuflucht nimmt zu unverständlichen und wunderbaren Verwandlungen, die mit allen bekannten Beobachtungen in Widerspruch stehen, muss man sich sorgfältig versichern, dass die Pflanzen diese Stoffe nicht vorgebildet in den Medien finden, in denen sie sich entfalten, und dass dieselben sie nicht aus ihnen schöpfen.

Andere Autoren näherten sich mehr dem Anschein von Wahrheit, wenn sie annahmen, dass alle Bestandtheile der Pflanzen mit Ausnahme des Wassers ihnen in Gasform geliefert würden. Wenn man jedoch auf die Ergebnisse der unmittelbaren Beobachtung Bezug nimmt, so ist diese Hypothese in ihrer Gesammtheit nicht haltbar. Das Sauerstoffgas und das kohlensaure Gas sind die einzigen uns bekannten luftförmigen Stoffe, von denen sich die Pflanzen in unserer Atmosphäre ernähren können.

243 Die Erfahrung lehrt, dass die meisten unter ihnen das Stickgas nicht assimiliren; indessen macht der Stickstoff einen wesentlichen Antheil der Gewächse aus; man findet ihn beständig im Holz, in den Extracten und in der grünen färbenden Materie. Die Pflanzen enthalten Erden, welche wie bei den Thieren dazu beitragen können, ihre festen oder knochigen Theile zu bilden; man kann nicht nachweisen, dass diese Substanzen im luftförmigen Zustande in unserer Atmosphäre vorhanden sind, doch erkennt man sie in derselben im suspendirten und dampfartigen Zustande; hingegen lässt sich zeigen, dass sie sich in den Quellen finden, welche die Pflanzenerde bespülen und in die Wurzeln eindringen. Es lässt sich ferner darthun, dass die nämlichen Quellen Extractivstoffe in Lösung halten, von denen der Stickstoff einen wesentlichen Theil ausmacht, und dass die Fruchtbarkeit des Bodens in gewisser Beziehung und innerhalb bestimmter Grenzen von der Menge und der Natur der in Wasser löslichen Bestandtheile, die er enthält, abhängig ist. Endlich erkennt man, dass die Gewächse, indem sie sich diese Stoffe aneignen, schliesslich den Boden erschöpfen oder unfruchtbar machen.

Die Pflanzen, welche von Natur auf dürrem Felsen oder auf reinem Sande wachsen, finden in den Ueberresten von Gewächsen und Thieren, [244] die in unserer Luft schweben, Nahrungsstoffe, welche die gasförmigen Bestandtheile der Luft nicht zu liefern im Stande sind. Diese Körperchen lassen sich auf den Blättern nieder, lösen sich in dem Wasser, welches diese verdichten, und dringen in ihr Inneres ein. Das von den Wurzeln aufgenommene Regenwasser ist mit denselben Stoffen beladen.

Die Gewächse, welche sich vollständig entfalten können, indem sie auf diese Weise aus unserer Atmosphäre ihren ganzen Unterhalt schöpfen, sind nicht sehr zahlreich. Eine so wenig reichliche Nahrung kann nur denjenigen genügen, welche eine an ihren Standort angepasste Organisation haben, nur denjenigen, die ausdauernd sind, und deren sehr langsame Entwickelung der geringen Menge assimilirter Nahrungsstoffe entspricht. Die meisten unter ihnen wie die Moose, die Farnkräuter, die fleischigen Pflanzen, die Fichten sind immergrün; ihre Blätter zersetzen während des ganzen Jahres kohlensaures Gas; sie bieten den in unserer Atmosphäre herumschwimmenden Körperchen beständig Anhaltepunkte dar; sie transpiriren wenig; sie sind lederartig oder fleischig, und bei solcher Beschaffenheit verlieren sie unter der Einwirkung des Sauerstoffgases der umgebenden Luft nur eine geringe Menge Kohlenstoff. Aber man findet fast niemals auf einem humusfreien Boden einjährige Pflanzen, [245] ihr Wachsthum oder ihre Entwicklung dürfte zu schnell sein, als dass sie in unserer Atmosphäre die grosse Menge Nahrungsstoffe, welche sie verbrauchen, finden könnten.

Sie vergehen, sobald sie die in ihren Samen enthaltene Nahrung aufgesogen haben. Ich versuchte, Samen von Saubohne, Bohne, Erbse und Kresse zur Entwickelung zu bringen, indem ich ihnen als Unterlage reinen Sand oder Pferdehaare in Trichtern darbot, welche das überschüssige destillirte Wasser, mit dem ich sie benetzte, ablaufen liessen. Sie blühten sehr oft, doch konnten ihre Samen niemals reifen. Dessen ungeachtet variirte ich diese Versuche mit aller möglichen Sorgfalt fünf auf einander folgende Jahre hindurch. *Giobert*, *Hassenfratz* und andere Naturforscher sind bei diesen Untersuchungen meine Vorgänger gewesen, ohne günstigere Ergebnisse erhalten zu haben.

Diejenigen, welche glauben, dass die atmosphärische Luft und das Wasser die einzigen Bestandtheile und Nahrungsstoffe der Gewächse sind, werfen dagegen ein, dass der Sand, das Haar und andere ähnliche Unterlagen keine geeigneten Medien darstellen, um die zum Unterhalt der Vegetation erforderliche Menge Wasser zu liefern. Dieser Einwand würde begründet sein, wenn nicht mehrere Beobachtungen bewiesen, [246] dass ein Boden zum grössten Theil seiner vegetativen Stoffe beraubt sein kann, ohne dass er von dem fruchtbaren Boden unterschieden werden kann durch die physikalischen Eigenschaften, nämlich durch diejenigen, Wärme und Feuchtigkeit zurückzuhalten, sich von den Wurzeln durchdringen zu lassen und ihnen als Stütze zu dienen. Deshalb verliert, wie bekannt, eine von Quell- und Regenwassern stark ausgewaschene Erde an Fruchtbarkeit, während sie dasselbe Aussehen, dieselbe Farbe, dasselbe Gewicht und dieselbe Festigkeit bewahrt. Als ich wie im Kapitel V, § 2 fast reinem Humus den grössten Theil seiner Extractivstoffe entzog, behielt er seine äusseren Eigenschaften bei. Doch verminderte sich seine Fruchtbarkeit. Wenn es möglich wäre, den Humus seiner löslichen vegetabilischen Stoffe vollständig zu berauben, so würde man ihn vielleicht dem reinen Sande in Bezug auf seine vegetativen Eigenschaften gleichmachen; diese vollkommene Entziehung ist jedoch unmöglich, und man kann hier nur von Annäherung sprechen.

Wenn der Dünger die pflanzliche Ernährung hauptsächlich durch die Gase, welche er entwickelt, begünstigte, so müsste ein Feld, das nicht besäet ist und kein Gewächs hervorbringt, ebenso stark erschöpft werden wie dasjenige, welches eine reiche Ernte ernährt; doch beweisen alle landwirthschaftlichen Operationen das Gegentheil: [247] man findet, dass die Ernten den Boden verarmen, und dass sie ihrer Natur entsprechend, diese Wirkung mehr oder weniger hervorrufen. Im Allgemeinen erschöpfen die substanzreichen und mit reichlicher Transpiration versehenen einjährigen Pflanzen den Boden stärker als die ausdauernden, deren Entwicklung weniger schnell vor sich geht, und als die wenig transpirirenden einjährigen Pflanzen mit saftigen Blättern wie Erbsen, Saubohnen und Buchweizen*.

Man kann noch eine andere Beobachtung machen, die eine nothwendige Folge der vorhergehenden ist, und die dieser wiederum als Beweis dienen muss, nämlich die, dass unter sonst glei-

---

* Bibliothèque Britannique. Mémoires sur la culture du Blé. Agriculture, vol. 5, p. 499.

chen Umständen die am meisten den Boden erschöpfenden Pflanzen diejenigen sind, welche den an Nährstoffen reichsten Boden verlangen.

§ 2.

Nehmen die Pflanzen in demselben Verhältniss wie das Wasser die in ihm gelösten Substanzen auf?

Ich habe mehrere Lösungen dargestellt, von denen jede 793 Cubikcentimeter oder 40 Cubikzoll destillirtes Wasser, 637 Milligramm oder 12 Gran von dem Körper, den ich sogleich angeben werde, enthielt. [248] Ich werde diese 12 Gran gleich 100 Theilen setzen.

Die 1. Lösung enthielt 100 Theile salzsaures Kali
- 2. - - - salzsaures Natron
- 3. - - - salpetersauren Kalk
- 4. - - - verwittert. schwefels. Natron
- 5. - - - salzsaures Ammoniak
- 6. - - - essigsauren Kalk
- 7. - - - schwefelsaures Kupfer
- 8. - - - krystallisirten Zucker
- 9. - - - arabisches Gummi
- 10. - - 25 - Humusextract*).

In jede dieser Lösungen liess ich mit Wurzeln versehene Pflanzen von Polygonum persicaria oder Bidens cannabina eintauchen. Für diese Untersuchungen wählte ich besonders Sumpfpflanzen, damit sie weniger von dem Wasserüberschuss, der sie ernähren sollte, leiden möchten. [249] Ich füge hinzu, dass ich sie, vordem ich sie zu dem Versuch benutzte, einige Tage in destillirtes Wasser stellte, bis ihre Wurzeln anfingen, sich zu verlängern.

---

*) Ich löste keinen getrockneten und vorher zubereiteten Extract in Wasser, weil, wenn man so verfährt, immer der Theil des Extractes, der sich während der Verdunstung niedergeschlagen hatte, in der Lösung suspendirt bleibt; sondern ich stellte in der Kälte einen Wasseraufguss des Humus her. Die Verdampfung eines Theiles dieses Aufgusses zeigte mir, dass letzterer, in dem ich die Pflanzen wachsen liess, 25 Theile Extract enthielt. Die mit den Salzen erhaltenen Ergebnisse sind genauer als die mit dem Extract, dem Zucker und dem Gummi erhaltenen, weil die vegetabilischen Verbindungen durch die Berührung mit den Wurzeln immer etwas faulen.

Die Polygonumpflanzen vegetirten fünf Wochen lang im Schatten in den Lösungen von salzsaurem Kali, salpetersaurem Kalk, salzsaurem Natron, schwefelsaurem Natron und Humusextract, indem sie ihre Wurzeln entwickelten; sie siechten immer dahin in salzsaurem Ammoniak ohne irgend welche Entwicklung; im Zuckerwasser konnten sie sich nur halten, wenn die Lösung, welche sehr schnell faulte, erneuert wurde; nach acht bis zehn Tagen gingen sie im Gummiwasser und in der Lösung des essigsauren Kalks zu Grunde; sie konnten nicht länger als zwei bis drei Tage in der Lösung von schwefelsaurem Kupfer leben.

Die Bidenspflanzen zeigten nahezu das nämliche Verhalten in diesen verschiedenen Lösungen. Im Durchschnitt widerstanden sie denselben noch weniger als die Polygonumpflanzen.

Als ich untersuchte, in welchem Verhältniss die gelösten Substanzen in Beziehung auf das Wasser von den saugenden Wurzeln aufgenommen wurden, [250] benutzte ich dieselben Lösungen; jedoch beendete ich den Versuch, sobald die Pflanzen genau die Hälfte der sie ernährenden Flüssigkeit, nämlich 397 Cubikcentimeter (20 Cubikzoll) Lösung aufgenommen hatten. Pflanzen waren in genügend grosser Zahl vorhanden, so dass die Aufnahme in dem Zeitraum von zwei Tagen stattfand. Würde sie länger gedauert haben, so würden die Wurzeln in den ihnen nicht zusagenden Lösungen gefault sein. Ueberdies hätten der Zucker, das Gummi und das Humusextract durch die Gährung den grössten Theil ihrer Bestandtheile verlieren können.

Die Analyse der 397 Cubikcentimeter (20 Cubikzoll) Lösung, welche die Pflanzen in jedem Gefäss nach der Aufsaugung zurückliessen, gab mir die Menge Salze*) an, mit denen sie sich beladen haben; [251] sie würden 50 Theile aufgenommen haben, wenn die Aufnahme der salzigen Substanzen in demselben

---

*) Die Salzlösungen wurden mit Hülfe von Reagentien analysirt und zwar mit grösserer Genauigkeit als nach irgend einem andern Verfahren. Ich hatte mich überzeugt, dass 100 Theile des von mir benutzten salzsauren Kalis mit salpetersaurem Silber einen Niederschlag geben gleich . . . . $187\frac{1}{4}$ Theilen.
100 Theile salzsaures Natron mit demselben Reagens $232\frac{1}{2}$ —
- - salzsaur. Ammoniak - - - 270 —
- - salpetersaurer Kalk mit oxalsaurem Kali 78 —
- - essigsaurer Kalk mit demselben Reagens $81\frac{1}{4}$ —
- - verwittertes schwefelsaures Natron mit essigsaurem Baryt $167\frac{1}{2}$ —
- - schwefelsaures Kupfer mit demselb. Reagens $94\frac{1}{2}$ —

Die Gummi-, Zucker- und Humusextractlösungen wurden bis zur Trockne eingedampft. Der Rückstand wurde gewogen.

Verhältnisse stattfände wie die des Wassers. Ich fand jedoch, dass Polygonum, indem es die Hälfte der für die Versuche bestimmten Flüssigkeit aufsog, nur

14,7	Theile	salzsaures Kali
13	-	salzsaures Natron
4	-	salpetersauren Kalk
14,4	-	schwefelsaures Natron
12	-	salzsaures Ammoniak
8	-	essigsauren Kalk
47	-	schwefelsaures Kupfer
9	-	Gummi
29	-	Zucker
5	-	Humusextract

aufgenommen hatte.

Bidens nahm auf:

16	Theile	salzsaures Kali
15	-	salzsaures Natron
8	-	salpetersauren Kalk
10	-	schwefelsaures Natron
17	-	salzsaures Ammoniak
8	-	essigsauren Kalk
48	-	schwefelsaures Kupfer
32	-	Zucker
8	-	Gummi
6	-	Humusextract.

[252] Im Allgemeinen sieht man, dass die Pflanzen alle Substanzen, die ich ihnen darbot, aufnahmen, dass sie jedoch das Wasser in viel grösserem Verhältniss als die in ihm gelösten Körper aufsogen. Man sieht ferner, dass sie die Nährstoffe, welche für sie am geeignetsten waren, nicht beständig in der grössten Menge aufnahmen. Das schwefelsaure Kupfer, welches am schädlichsten ist, wurde am reichlichsten aufgenommen. Das Gummi und der essigsaure Kalk, welche der Vegetation sehr nachtheilig sind, drangen nur in kleiner Menge in die Pflanzen ein.

Diese Versuche wiederholte ich mehrmals, theils nach denselben, theils nach anderen Verhältnissen, und erhielt immer dieselben allgemeinen Ergebnisse. Die Pflanzen nahmen immer mehr salzsaure und schwefelsaure Alkalien auf als essigsauren und salpetersauren Kalk; sie nahmen stets mehr Zucker als Gummi auf; doch schwankten die Ergebnisse im Einzelnen. Die aufgenommenen absoluten Mengen von Salzen, Gummi und Zucker waren in zwei gleichen Versuchen niemals die nämlichen. Ich bemerkte bald, dass diese Abweichungen von dem verschiedenen Zustand der Wurzeln, welche mehr gelöste Stoffe aufnehmen, wenn sie weniger lebenskräftig sind, herrühren. Ich machte den Versuch sie abzuschneiden; [253] die Pflanzen litten alsdann sehr schnell in allen Lösungen und nahmen zwei oder dreimal mehr von der gelösten Substanz aus dem Wasser auf als in den vorhergehenden Versuchen.

Ich glaube, dass man die sehr grosse Aufnahme von schwefelsaurem Kupfer besonders der Desorganisation zuschreiben muss, welche die Wurzeln durch dasselbe erleiden. Aus den folgenden Ergebnissen wird man in der That sehen, dass die Hinzufügung dieses Salzes zu einer Lösung von essigsaurem oder salpetersaurem Kalk bewirkt, dass diese letzteren in viel grösserer Menge in die Pflanzen eindringen, als wenn sie für sich oder mit einem für die Vegetation weniger schädlichen Salz als dem schwefelsauren Kupfer zur Anwendung kamen.

§ 3.

Bevorzugen die Pflanzen bei der Aufnahme aus einer mehrere Substanzen gelöst enthaltenden Flüssigkeit bestimmte Substanzen vor anderen?

Bisher bot ich derselben Pflanze in der Lösung nur ein Salz dar; nun werde ich ihr mehrere bieten; und ich will sehen, ob sie daraus theilweise Abscheidungen bewirkt. In 793 Cubikcentimetern oder 40 Cubikzoll Wasser löste ich zwei oder drei verschiedene Salze auf, [254] von denen jedes 637 Milligramm oder 12 Gran wog. Ich setze diese 12 Gran stets gleich 100 Theilen.

In diesen Versuchen analysirte ich wie in den vorhergehenden den Rückstand der Lösung, als sie durch die Aufnahme genau auf die Hälfte ihres Volumens gesunken war. Wurde die Menge des in diesem Rückstand enthaltenen Salzes von derjenigen, welche die Flüssigkeit vor der Einführung der Pflanzen enthielt, abgezogen, so ergab sich mir die Menge Salz, welche dieselben aufgenommen hatten. Polygonum nahm 11,7 Theile schwefelsaures und 22 Theile salzsaures Natron auf, indem es bis zur Hälfte eine Lösung aufsog, die 100 Theile oder 637 Milligramm von jedem dieser Salze enthielt. Bidens nahm aus einer gleichen Lösung 7 Theile schwefelsaures und 20 Theile salzsaures Natron auf. An der Hand dieses Beispiels wird man die Ergebnisse, welche ich in der folgenden Tabelle zusammengestellt habe, verstehen.

Gewicht der in dem Wasser vor dem Versuch gelösten Stoffe	Gewicht der Stoffe, mit denen sich Polygonum belud, indem es die Hälfte des Lösungswassers aufnahm	Gewicht der Stoffe, mit denen sich Bidens belud, indem es die Hälfte des Lösungswassers aufnahm
100 Theile verwitt. schwefelsaur. Natron	11,7	7
- - salzsaures Natron	22 *)	20
- - verwitt. schwefelsaur. Natron	12 **)	10
- - salzsaures Kali	17	17
- - essigsaurer Kalk	8½	5
- - salzsaures Kali	33 ***)	16
- - salpetersaurer Kalk	4½	2
- - salzsaures Ammoniak	16½	15
- - essigsauren Kalk	31	35
- - schwefelsaures Kupfer	34	39
- - salpetersauren Kalk	17	9
- - schwefelsaures Kupfer	34	36
- - schwefelsaures Natron	6 †)	13
- - salzsaures Natron	10	16
- - essigsaurer Kalk	unbest. Menge	unbest. Menge
- - Gummi	26	21
- - Zucker	34 ††)	46

*) Den nach der Aufsaugung verbleibenden Rückstand fällte ich mit essigsaurem Baryt; die decantirte Flüssigkeit fällte ich mit salpetersaurem Silber.
**) Die Analyse wurde nach demselben Verfahren angestellt. Man sieht, dass die Pflanzen Salze aufgenommen haben, welche sich gegenseitig zersetzen; aber diese Zersetzung findet hier nicht statt, weil die Lösungen zu verdünnt waren. *Berthollet* hat gezeigt, dass der Austausch der Bestandtheile nur statthat, wenn er durch die Krystallisationskraft bedingt ist oder, was auf dasselbe hinausläuft, durch die Unlöslichkeit der neuen Verbindung.
***) Der nach der Aufsaugung bleibende Rückstand wurde in zwei gleiche Theile getheilt; der eine wurde durch oxalsaures Kali, der andere durch salpetersaures Silber gefällt.
†) Der nach der Aufsaugung bleibende Rückstand wurde in zwei gleiche Theile getheilt; der eine wurde mit oxalsaurem Kali, der andere mit essigsaurem Baryt gefällt. Nach der Abscheidung des schwefelsauren Baryts ist die decantirte Flüssigkeit mit salpetersaurem Silber gefällt worden.
††) Den Rückstand liess ich bis zur Syrupconsistenz eindampfen

[256] Einige dieser Versuche wiederholte ich mit Pfefferminze, Kiefer und Wachholder; die Ergebnisse waren im Allgemeinen dieselben; diejenigen Salze, welche am meisten von Bidens und Polygonum aufgenommen wurden, wurden es auch von den anderen Pflanzen. Unterschiede giebt es in den absoluten Gewichten der aufgenommenen Salze; sie müssen unzweifelhaft für Gewächse, welche sich nicht ähnlich sind, vorhanden sein; aber die Pflanzen derselben Art bieten in dieser Hinsicht so vielfache Abweichungen dar, dass ich mit Sicherheit diese Verschiedenheiten nicht der Gattung des von mir geprüften Gewächses zuschreiben kann.

Das Abschneiden der Wurzeln, ihre Zersetzung und im Allgemeinen auch die Mattigkeit der Vegetation begünstigen das Eindringen von im Wasser gelösten Stoffen in das Gewächs.

Ich liess Pflanzen, denen ich die Wurzeln abgeschnitten hatte, Lösungen aufnehmen; alsdann vollziehen sie die oben erwähnten Ausscheidungen nicht in so ausgesprochener Weise; sie nahmen fast ohne Unterschied alle Salze, welche ich ihnen darreichte, auf; sie absorbirten sie alle in grosser Menge und fast in demselben Verhältniss wie das Lösungswasser. Durch Gummi, essigsauren Kalk und schwefelsaures Kupfer gingen sie nach sieben bis acht Stunden zu Grunde, [257] und ich konnte den Versuch in den anderen Lösungen nur vollenden, indem ich mehrmals die welkenden Pflanzen durch neue ersetzte. Die mit Wurzeln versehenen Pflanzen nehmen also aus ein und derselben Lösung bestimmte Stoffe vorzugsweise vor anderen auf: sie beladen sich zum Beispiel beständig in grösserer Menge mit salzsaurem Natron und salzsaurem Kali als mit essigsaurem und salpetersaurem Kalk; aus einer Lösung von Zucker und Gummi nehmen sie mehr Zucker als Gummi auf u. s. w. Alle diese Stoffe dringen nicht in dem Verhältniss ihres Einflusses auf die Vegetation in das Gewächs ein. Sie werden in einem weit kleineren Verhältniss aufgenommen als das Wasser, welches sie gelöst enthält.

Ich würde geneigt sein anzunehmen, dass die Pflanze, indem sie einen Stoff vorzugsweise vor einem anderen aus derselben Flüssigkeit aufnimmt, diese Wirkung nicht kraft einer besonderen

---

und gab dann Alkohol zu, der den Zucker löste und das Gummi fällte. Ein vergleichender Versuch liess erkennen, dass das gefällte Gummi hartnäckig ungefähr ein Viertel seines Volumens an Zucker zurückhielt. Die von mir mitgetheilten Ergebnisse sind an der Hand dieser Beobachtung corrigirt worden.

Verwandtschaft hervorruft, sondern im Verhältniss des Grades des Flüssigseins oder der Zähigkeit der verschiedenen Stoffe. In der That findet man, dass destillirtes Wasser flüssiger ist, oder dass es leichter und schneller durch ein Filter eilt als Wasser, welches salzsaures oder schwefelsaures Natron gelöst enthält *).

[258] Man findet, dass essigsaurer und salpetersaurer Kalk mit derselben Menge Wasser zähere Lösungen bildet, die schwieriger durch das Filter dringen, als die salzsauren und schwefelsauren Alkalien. Die letzteren werden von dem Gewächs immer reichlicher als die ersteren aufgenommen. Gummi, da es zäher ist als Zucker, wird in geringerer Menge aufgenommen. Indessen muss man beachten, dass die Wurzeln ausserordentlich enge und viel vollkommenere Filter sind als diejenigen, welche wir gewöhnlich herstellen; denn wenn man auf ein aus mehreren Lagen Papier gemachtes Filter eine Lösung von essigsaurem Kalk und salzsaurem Kali giesst, und wenn man die Filtration unterbricht, sobald die Hälfte der Flüssigkeit abgelaufen ist, [259] so findet man, dass diese Hälfte weniger essigsauren Kalk als die auf dem Filter gebliebene enthält. Ebenso verhält es sich mit einer Lösung von Zucker und Gummi.

Die Wurzeln zersetzten die Salze, welche ich sie aufnehmen liess, nicht wahrnehmbar; denn ich fand niemals, dass nach der Aufsaugung im Rückstand eine Säure oder ein Alkali frei geworden wäre.

Durch die Veraschung überzeugte ich mich davon, dass die Salze wirklich in die Pflanzensubstanz eingedrungen sind. Ich liess bewurzelte Pflanzen von Polygonum, die grün 173,13 Gramm oder 3262 Gran wogen, in destillirtem Wasser wachsen. Ich liess andere Polygonumpflanzen von genau gleichem Gewicht in 1,58 Liter Wasser wachsen, das 3 Gramm oder $56\frac{1}{2}$ Gran salzsaures Kali enthielt. In dem Maasse, wie die Pflanzen die Lösung aufnahmen, ersetzte ich sie durch destillirtes Wasser. Nach drei Wochen beendete ich den Versuch und fand, indem ich den

---

*) Damit diese Erscheinungen wahrnehmbarer sind, müssen die Lösungen concentrirter sein als diejenigen, welche ich den Pflanzen zum Absorbiren darbot. Es scheint mir wahrscheinlich, dass eine verdünnte wässerige Salzlösung keine homogene Verbindung, sondern ein Gemisch aus gesättigtem und nicht gesättigtem Wasser ist. Es ist wohl bekannt, dass eine verdünnte wässerige Lösung von salzsaurem Natron, die vollkommener Ruhe überlassen ist, am Grunde des Gefässes dichter und salzhaltiger wird als an der Oberfläche. (Vergl. die Abhandlung von *Leblanc*, Sur la Crystallotechnie. Journal de Physique, an 11).

Rückstand der Lösung analysirte, dass die Pflanzen 1,59 Gramm oder 30 Gran salzsaures Kali, nachdem es bei Glühhitze getrocknet worden war, zum Verschwinden gebracht hatten.

Nach dem Trocknen wogen die Pflanzen [260] 39,8 Gramm (750 Gran) und lieferten bei der Verbrennung 4,246 Gramm oder 80 Gran Asche.

Die Polygonumpflanzen, welche in destillirtem Wasser gewachsen waren, wogen nach dem Trocknen 38,851 Gramm (132 Gran); sie gaben 2,76 Gramm oder 151 Gran Asche.

Die Pflanzen hatten also ihre Asche um eine Menge vergrössert, welche nahezu gleich derjenigen des aus der Lösung verschwundenen salzsauren Kalis war. Ich analysirte diese Asche und fand in derselben durch salpetersaures Silber alle in den hinzugefügten Salzen enthalten gewesene Salzsäure wieder. Das salzsaure Kali wurde nicht zersetzt. Die absolute Menge freien Kalis war in der Asche des Polygonums, welches reines Wasser aufgenommen, nicht grösser als in der Asche desjenigen Polygonums, welches salzsaures Kali aufgenommen hatte; die Wiederholung des Versuches mit Bidens lieferte mir nahezu gleiche Resultate. Man sieht, dass dieselben Gewächse sehr verschiedene Salzmengen enthalten, und dass man nicht mit zu grosser Sicherheit auf die Tabellen bauen darf, welche aufgestellt worden sind, um jeder Pflanze ein bestimmtes Verhältniss von Asche oder Salzen zuzuweisen. [261] Diese Bestimmungen können nur so weit genau sein, als die Gewächse auf demselben Boden und während derselben Zeit wuchsen.

§ 4.

Betrachtungen über die salzigen oder mineralischen Stoffe, welche in die Zusammensetzung der Gewächse eingehen.

Mehrere Schriftsteller haben behauptet, dass die Mineralstoffe, welche man in den Gewächsen findet, dort nur zufällig vorhanden und keineswegs für ihre Existenz nöthig seien, weil die Pflanzen sie nur in sehr kleiner Menge enthalten. Diese Ansicht, ohne Zweifel für die Stoffe, welche sich nicht immer in derselben Pflanze finden, richtig, ist nicht für diejenigen, welche constant in ihnen vorkommen, bewiesen. Ihre geringe Menge ist kein Anzeichen für ihre Nutzlosigkeit. Der in einem Thier enthaltene phosphorsaure Kalk macht vielleicht nicht einmal den fünfhundertsten Theil seines Gewichtes aus, aber Niemand zweifelt daran, dass dies Salz für den Aufbau der Knochen durchaus nothwendig ist. Dasselbe Salz fand ich in der Asche aller von mir daraufhin untersuchten Gewächse, und wir haben keinen Grund zu behaupten, dass sie ohne dasselbe existiren können.

[262] Daraus, dass einige Salze in bestimmten Verhältnissen gewissen Pflanzen schädlich sind, hat man zuweilen geschlossen, dass alle Salze in allen Verhältnissen der Vegetation schädlich sind. Aber die Beobachtung bestätigt nur selten diese systematischen und allgemeinen Ideen; sie zeigt, dass mehrere Pflanzen ein salziges Nahrungsmittel verlangen, dass es jedoch in seiner Menge und seinen Stoffen gemäss der Natur des Gewächses, das dasselbe aufnehmen soll, geändert werden muss. *Duhamel* erkannte, dass die Strandpflanzen [plantes marines] in einem von salzsaurem Natron freien Boden hinsiechen; dies Salz schadet dem Getreide in demselben Verhältniss, wie es den vorstehend genannten Pflanzen nützlich ist. Parietaria, Brennnessel und Borasch gedeihen nur dort, wo sie salpetersauren Kalk oder salpetersaures Kali finden. Schwefelsaurer Kalk beschleunigt die Entwickelung der Luzerne, des Klees und der Esparsette, auf mehrere andere Pflanzen ist er ohne Wirkung. Man glaubte, dass die Salze die Vegetation begünstigten, nur weil sie die Verwesung der auf dem Boden ausgebreiteten abgestorbenen pflanzlichen Substanzen beschleunigten, oder weil sie die Feuchtigkeit der Luft anzögen; aber der schwefelsaure Kalk zerfliesst nicht, und wenn er durch Beschleunigung der Verwesung nützlich wäre, so würde sich sein heilsamer Einfluss nicht auf eine so geringe Zahl Gewächse beschränken.

[263] Die Landwirthe wenden ihn in zu kleiner Menge an, als dass er die ihm zugeschriebene septische Wirkung hervorrufen oder dass er die physikalischen Eigenschaften des Bodens als einfacher Träger der Gewächse ändern könnte.

Thourenel und *Cornette* glaubten zu erkennen, dass die Salze als zusammenziehende und ätzende Mittel wirkten, indem sie die Oeffnung der Gefässe schlössen und sich der Aufnahme von Wasser widersetzten. Indessen zeigte bis jetzt die Beobachtung, dass die Pflanzen Salze enthalten, welche sich in dem Boden, auf dem sie wachsen, finden. Parietaria, Brennnessel u. s. w. speicherten Nitrate, die Strandpflanzen Seesalz; letztere liefern dasselbe nicht mehr, wenn man sie zwingt, fern von den Ufern des Meeres hinzusiechen. *De Bullion* (Mémoires d'Agriculture, 1791) säete Sonnenblumensamen (Helianthus annuus) in einen salpeterfreien sandigen Boden; die Pflanzen, welche auf demselben wuchsen, lieferten bei der Analyse keine Spur dieses Salzes. Er begoss andere gleiche Pflanzen auf dem nämlichen Boden mit einer Lösung von salpetersaurem Kali; und diese speicherten passelbe.

Obgleich die Beobachtung zeigt, dass bestimmte salzige Stoffe [264] dem Gedeihen einiger Pflanzen günstig sind, so lässt dieselbe doch zu gleicher Zeit erkennen, dass dies Nahrungsmittel ihnen nur zusagt, wenn es ihnen in sehr kleiner Menge geboten wird. Der schwefelsaure Kalk verdankt wahrscheinlich zum Theil seiner geringen Löslichkeit den heilsamen Einfluss auf die Entwicklung einiger Gewächse. Die Unwirksamkeit der löslicheren Salze wie des Salpeters, des kohlensauren Kalis und des Seesalzes, wenn sie im reinen Zustand angewandt und unmittelbar dem Boden zugeführt werden, ist für die meisten Nutzpflanzen anerkannt. Die Nützlichkeit der Aschen, welche einige dieser Salze enthalten, wird nicht bestritten. Aber sie sind in der Asche mit Erden durch eine halbe Verglasung verbunden, welche die Löslichkeit vermindert, und welche bewirkt, dass sie nicht plötzlich, sondern langsam und wiederholt in kleinen Mengen in die Gewächse eindringen; die überflüssigen Salze häufen sich bei gewissen Pflanzen an der Oberfläche ihrer Blätter an und bilden dort eine Incrustation, die ihren Untergang bewirkt, indem sie dieselben an der Transpiration hindert. Dies ist grösstentheils der Ursprung der weissen Krankheit, welche die Cucurbitaceen*) und mehrere Küchengewächse befällt.

---

*) Diese Krankheit beginnt bei den Kürbisspflanzen mit der Ausscheidung zäher Tropfen, welche besonders auf der Oberfläche der Blätter in der Nähe des Blattstieles erscheinen. [265] Die Tropfen trocknen ein und bilden weisse hervorragende staubartige Flecke, welche sich ausdehnen und sich allmählich bis zum Blattumfang vermehren. Ich löste diese Incrustation ab; sie war nur zum Theil im Wasser und Alkohol löslich. Wurden diese Lösungen bis zur Trockenheit eingedampft, so liessen sie ein zerfliessliches Salz zurück, welches alle Eigenschaften des mit einer unbestimmbaren Menge Magnesia verunreinigten salzsauren Kalkes aufwies; es wurde reichlich gefällt von salpetersaurem Silber, oxalsaurem Kali und kohlensauren Alkalien, aber nicht von Barytwasser und war im Feuer fast unveränderlich. Der salzige und erdige Theil der Incrustation macht ungefähr ein Drittel ihres Gewichtes aus; sie wurde von einer weissen in Wasser und Alkohol unlöslichen vegetabilischen Substanz ziemlich reichlich eingehüllt, so dass die Incrustation selbst nicht merklich Feuchtigkeit anzog. Diese Krankheit greift besonders die alten Pflanzen an, welche auf einem an thierischem Dünger reichen Boden und in Mistbeeten wachsen, wo die Blätter nicht vom Regenwasser abgewaschen werden.

265] Die Gewächse schöpfen nicht alle ihre mineralischen Stoffe aus Salzlösungen gleich denen, welche man künstlich durch Auflösen z. B. von salzsaurem Kalk, Eisen oder Mangan in reinem Wasser darstellen kann, sondern sie nehmen sie zum grossen Theil aus Verbindungen auf, die wir nicht zusammenzusetzen vermögen, namentlich aus solchen, in welchen die Elemente dieser Salze sich chemisch mit Sauerstoff, Wasserstoff, Stickstoff und Kohlenstoff im Humusextract verbunden finden, [**266**] und wo sie nur durch die Veraschung nachgewiesen werden können.

§ 5.

Ueber die Anwendung der vorstehenden Beobachtungen auf die Erforschung der Menge von Nahrungsstoffen, welche die Substanz des Humus allein den Wurzeln der Gewächse liefert.

Wir sind zu weit davon entfernt, alle Wirkungen der Pflanze auf den Humus und des Humus auf die Pflanze zu kennen, um dahin gelangen zu können, sämmtliche Bestandtheile, welche sie aus demselben schöpft, zu berechnen und zu wägen. Beim Studium der Natur kann man nichts Besseres thun, als die Maxime*) des berühmten *Hauy* zu befolgen: **die Dinge werden geschätzt, so an sich zu sein, wie sie sich unserer Beobachtung darbieten.** Wenn wir uns mit Rücksicht hierauf auf diejenigen Beobachtungen beziehen, welche theils in diesem, theils in den vorhergehenden Kapiteln mitgetheilt worden sind, so finden wir, dass das Humusextract, das kohlensaure Gas, das Sauerstoffgas, alle die in Wasser löslichen Verbindungen, welche aus dem Boden in eine grüne Pflanze durch ihre Wurzeln eindringen, [**267**] bei weitem nicht genügen, um den grössten Theil des Gewichtes dieses Gewächses, im Trockenzustand betrachtet, zu bilden**).

---

*) Traité de Minéralogie, par *Hauy*, vol I, p. 7.
**) Ich könnte mich auf das Experiment von *Vanhelmont* berufen, der, nachdem er eine Weide fünf Jahre lang in 200 Pfund Humus hatte wachsen lassen, fand, dass diese Weide im grünen Zustand ein Gewicht von 164 Pfund erlangt hatte, und dass der vor und nach dem Experiment im Ofen getrocknete Humus nur zwei Unzen von seinem Gewicht verloren hatte. Ueber diese Ergebnisse hat *Kirwan* jedoch sehr begründete Betrachtungen angestellt; er bemerkt: 1. dass der Humus in ein poröses nicht glasirtes Gefäss gethan wurde, das selbst wiederum in Dammerde eingegraben wurde, und dass diese letztere der Pflanze Extractivstoffe mitgetheilt hätte; 2. findet er, dass das im Ofen ausgeführte Trocknen vor und nach dem Versuch nicht identisch

Aus Kapitel V, § 2 sah man, dass Regenwasser, nachdem es mehrere Tage auf dem gut gedüngten Boden eines Gartens gestanden hatte, dort einen Aufguss bildete, welcher einen Theil trockenes Extract auf tausend Theile Wasser enthielt. Man sah ferner, dass ein Gewächs, welches diesen Aufguss aufsaugen sollte, nur ein Viertel des festen Extractes, welches er enthält, aufnehmen würde. Wenn das Humusextract seine einzige Nahrung' wäre, würde dies Gewächs also sein Gewicht nur um ein Viertel Pfund im Trockenzustand vergrössern, wenn es tausend Pfund Aufguss aufsöge. [268] Eine einjährige Pflanze wie Helianthus, welche im Garten wuchs, konnte von ihrer Keimung an im Zeitraum von vier Monaten vier Kilogramm (acht Pfund) Frischgewicht oder ein halbes Kilogramm (ein Pfund) Trockengewicht erlangen*). Wenn man auf Grund der Versuche von *Hales* annimmt, dass die während vierundzwanzig Stunden aufgenommene und transpirirte Menge Wasser gleich der Hälfte des Gewichtes dieser Sonnenblume im nicht getrockneten Zustande ist, so finde ich, nachdem ich dieselbe in den verschiedenen Zeiträumen ihrer Vegetation gewogen hatte, dass sie nach Ablauf von vier Monaten nicht mehr als 100 Kilogramm (200 Pfund) Wasser oder Aufguss aufgenommen und transpirirt haben konnte. Die in diesen 100 Kilogramm enthaltene Menge trockenen Extractes ist gleich 100 Gramm oder $\frac{1}{5}$ Pfund; davon nahm die Pflanze nur den vierten Theil oder 25 Gramm auf; doch muss man das in 100 Kilogramm Aufguss enthaltene kohlensaure Gas hinzufügen. Nach den im Kap. V, § 2 mitgetheilten Versuchen schätze ich, dass dies 3,7 Gramm (70 Gran) wiegt; [269] nur die Hälfte hiervon eignete sich die Sonnenblume, welche, indem sie das kohlensaure Gas zersetzt, einen Theil ihrer Elemente aushauchte, an. Demnach schöpfte diese Pflanze aus dem Humus, wenn von dem Wasser abgesehen wird, eine Menge vegetabilischer Substanz gleich 25 + 1,85 Gramm, welche ungefähr nur den zwanzigsten Theil des Gewichtes ausmachen, das die

---

sein könne; 3. dass die Weide in der Erde Wurzelfäserchen zurückgelassen habe, deren Gewicht man nicht schätzen könne; 4. dass das Regenwasser, welches zum Begiessen gedient hatte, durch seine Unreinigkeiten zur Ernährung der Pflanze beitragen musste. (Mémoire sur les Engrais par *Kirwan*.)

*) *Hales* sagt, dass eine in voller Vegetation stehende Sonnenblume nur ein Viertel ihres Gewichtes durch Trocknen verliert. Dies Ergebniss ist gewiss ungenau, ebenso wie die Folgerungen, welche dieser Schriftsteller daraus ableitet.

Sonnenblume, im getrockneten Zustande betrachtet, nach directer Beobachtung erworben hatte.

Die Berechnung, welche ich soeben anstellte, ist ohne Zweifel weit davon entfernt, genau zu sein: indem ich jedoch annehme, dass die Menge von Nährstoffen, welche die Pflanze mit ihren Wurzeln aus dem Boden schöpft, in meiner Schätzung zwei- oder dreimal zu gross oder zwei- oder dreimal zu klein sei, so bleiben doch die wesentlichen und allgemein gültigen Ergebnisse, welche ich im Auge habe, nichts destoweniger die nämlichen. Sie beweisen gleichfalls, dass das Humusextract, dass die Gase, dass alle in Wasser löslichen Stoffe, welche aus dem Boden herrühren, und welche in die Wurzeln einer grünen Pflanze eindringen, wenn man vom Wasser ganz absieht, nicht den grösseren Theil des Gewichtes der Pflanze im Trockenzustand ausmachen. Indessen findet man stets, dass sie merklich in dieselben eindringen, und dass sie gleich Nährstoffen trotz ihrer geringen Menge einen mächtigen Einfluss auf das Wachsthum der Gewächse ausüben. [270] Man erkennt, dass das Wasser, welches das Gewächs theils aus dem Boden, theils aus der Atmosphäre schöpft, und welches es in feste Substanz verwandelt, in Gewicht den grössten Theil der Trockensubstanz der Pflanze ausmacht; dass ihr der Kohlenstoff in Gasform aus der Atmosphäre in grösserer Menge geliefert wird als aus irgend einer anderen Quelle; dass aber der Stickstoff, die Salze und die Erden, welche Bestandtheile am wenigsten reichlich in der Pflanze vorhanden sind, 1. aus den aus dem Humus durch die Wurzeln geschöpften Lösungen von extractiven und salzigen Stoffen, 2. aus den in der Atmosphäre suspendirten vegetabilischen und animalischen Stoffen, welche sich auf dem Gewächs niederschlagen, herrühren.

Rückblick.

1. Die Wurzeln der Pflanzen nehmen die Salze und die Extracte auf, aber in kleinerem Verhältniss als das Wasser, welches diese Salze und diese Extracte gelöst enthält.

2. Das Abschneiden der Wurzeln, ihre Zersetzung und im Allgemeinen das Hinsiechen der Vegetation begünstigen das Eindringen der Salze und Extracte in die Pflanzen.

3. Ein Gewächs nimmt nicht im gleichen Verhältniss alle in ein und derselben Lösung enthaltenen Stoffe auf; es nimmt unter denselben besondere Ausscheidungen vor; [271] im Allgemeinen

nimmt es in grösster Menge die Stoffe auf, deren Lösungen an sich am wenigsten zäh sind.

4. Wenn man das Gewicht des Extractes, welches der fruchtbarste Boden liefern kann, mit dem Gewicht der getrockneten Pflanze, welche sich auf ihm entwickelte, vergleicht, so findet man, dass sie nur eine sehr kleine Menge ihrer eigenen Substanz aus demselben zu schöpfen vermag.

[272] Neuntes Kapitel.
Untersuchungen über die Asche der Gewächse.

§ 1.
Ueber die von einigen Schriftstellern angestellten Beobachtungen über die Mengen Asche, welche die Gewächse liefern.

Die Erfahrung lehrte seit Langem, dass die Gewächse von gleichem Gewicht in Bezug auf die Menge von Asche, welche sie hervorbringen können, nach der Art variiren. Doch ging man auf die allgemeine Quelle dieser Erscheinung nicht zurück. Man forschte dem Ursprung dieser Aschen und der Ursache ihrer Verschiedenheit nicht nach. Vordem ich von meinen eigenen Beobachtungen spreche, will ich in wenig Worten die bereits bekannten in das Gedächtniss der Leser zurückrufen.

Die Inspectoren der Salpeterfabrik in Frankreich, [273] *Kirwan* und *Ruckert**), fanden, dass bei gleichem Gewicht die krautigen Pflanzen nach ihrem Trocknen mehr Asche als die holzigen Pflanzen liefern. Dies Ergebniss wurde von allen, welche sich mit den Producten der Veraschung beschäftigten, bestätigt. *Pertuis* lieferte für dies Princip eine schöne Bestätigung, als er ermittelte, dass der Stamm der Bäume weniger Asche als die Zweige, und diese weniger Asche als die Blätter hervorbringen. (Annales de Chimie, tome XIX.) Dies ist aber auch Alles von den Ergebnissen dieses Schriftstellers, woran man sich halten kann; seine anderen Behauptungen, 1. dass die trocken verbrannten Pflanzen weniger Asche als die frisch verbrannten enthalten, 2. dass faules Holz weniger Asche als ge-

---

*) Mémoire sur les Engrais, par *Kirwan*. Société royale d'Irlande, vol. 5, p. 129, und *Ruckert*'s Feldbau.

sundes Holz liefert, 3. dass die zur Reifezeit verbrannten Pflanzen mehr Asche als vor oder nach derselben geben, 4. dass die Gewächse im Allgemeinen um so mehr lösliche Salze an das Wasser abgeben, je mehr Asche sie enthalten, scheinen mir der Aenderung bedürftig zu sein. Es ist zu bedauern, dass man unter den sechzig von *Pertuis* ausgeführten Veraschungen nur vier findet, [274] welche mit getrockneten Pflanzen und ohne Beimischung unbekannter Pflanzen angestellt worden sind. Die Unsicherheit, in welcher uns das unvollkommene Trocknen lässt, das in ungenauer Weise durch die Brüche ein Halb, ein Viertel, drei Viertel geschätzt wird, setzt den Schlussfolgerungen, welche man aus diesen Versuchen ziehen könnte, eine Grenze, besonders wenn die Gewächse, wie man nach den Ergebnissen argwöhnen muss, nicht vor Regen geschützt gehalten wurden, nachdem sie abgeschnitten worden waren. Trotz dieser geringen unvermeidlichen Ungenauigkeiten im Verlaufe einer langwierigen Arbeit kann man den Nutzen der Untersuchungen dieses Schriftstellers nicht verkennen, der keine physiologische Beobachtungen, sondern Extractionen von alkalischen Salzen im Grossen im Auge hatte.

§ 2.

Ueber das Princip, nach dem die Asche an Menge in den holzigen oder krautigen Pflanzen schwankt.

Bei einem so neuen und verwickelten Gegenstande, mit dem ich mich nun beschäftige, werden die von mir gegebenen Erklärungen ohne Zweifel sehr oft gewagt sein; aber ich habe Grund zu glauben, dass die Beobachtungen, welche ihnen als Grundlage dienen, es nicht sind, wenigstens nicht für die von mir geprüften Arten; [275] denn, obgleich meine Veraschungen zahlreich sind, sind sie vielleicht nicht immer zahlreich genug, als dass wir uns zu allgemeinen Schlussfolgerungen erheben könnten.

Ich werde die Gewächse nur im getrockneten Zustande und nach gleichen Gewichtsmengen betrachten; das Vegetationswasser wechselt nach der besonderen Constitution jedes Individuums ein und derselben Art, nach dem Alter der Pflanze und dem Klima so, dass es vor allen Dingen darauf ankommt, diese Quelle des Irrthums zu meiden.

Die Untersuchungen der Schriftsteller, welche ich in dem vorhergehenden Paragraphen aufführte, und die meinigen (wie man sie in der Tabelle der Veraschungen am Ende dieses Kapitels findet) zeigen übereinstimmend, dass die holzigen Pflanzen weniger Asche als die krautigen Pflanzen enthalten. Wenn die Gewächse, wie wir im Kapitel VIII erkannt haben, erdige und salzige Stoffe nur in flüssiger Form in ihr Inneres eindringen lassen, so müssen sie um so mehr Asche enthalten, je reichlicher die Aufsaugung oder die Transpiration ist; denn diese beiden Functionen sind stets wechselsweise von einander abhängig. *Hales**) und *Bonnet***) zeigten, [276] dass die krautigen Pflanzen mehr Wasser als die holzigen transpiriren; diese letzteren müssen also weniger Asche enthalten.

Die Blätter der immergrünen Bäume transpiriren nach der Beobachtung von *Hales* weniger als die der sich im Herbste entlaubenden Bäume. Die letzterem sind aus diesem Grunde aschereicher. Man vergleiche am Ende des Kapitels die Veraschungen der im getrockneten Zustande verbrannten Pflanzen Nr. 1, 2, 16, 31 mit den Veraschungen Nr. 67, 71, 74.

Die Blätter immergrüner Bäume transpiriren in der That während des ganzen Jahres; doch ist die Wirkung im Winter sehr klein oder fast Null, und es ist wahrscheinlich, dass sie in dieser Jahreszeit durch die Waschungen des Regenwassers ebenso viel Asche verlieren, wie sie aufnehmen.

Wenn eine Salzlösung in einem Gefäss enthalten ist, welches dieselbe durch ihre Poren hindurch verdunsten lässt, so setzt sich das Salz in grösster Menge dort ab, wo die Verdunstung am reichlichsten ist. Die Vertheilung der Asche in der Pflanze stimmt im Allgemeinen mit diesem Princip überein. Da die Transpiration durch den Stengel geringer ist als durch die Blätter, so sind diese reicher an Asche. Man vergleiche die Veraschung Nr. 29 mit der folgenden. Nr. 67 mit Nr. 69, Nr. 71 oder 72 mit der folgenden.

[277] Nach den Beobachtungen von *Hales* transpiriren die Blätter mehr als die Früchte. Diese liefern viel weniger Asche. Man vergleiche unter den Veraschungen Nr. 30, 31 oder 32 mit Nr. 34, Nr. 51, 52, 53 mit Nr. 54 und Nr. 57, 58, 59 mit Nr. 61.

Die Rinde ist der unmittelbare Sitz der Transpiration des Stammes und enthält viel mehr Asche als die inneren Theile. Man vergleiche unter den Veraschungen Nr. 5 und 6 mit Nr. 7,

---

*) Statique des Végétaux, édition française, p. 3 et 43.
**) Recherches sur l'usage des Feuilles, p. 77, édit. in 8°.

siehe ferner Nr. 14 und 15, Nr. 20 und 21, Nr. 22, 23 und 24, Nr. 26, 27 und 28.

Die Asche nimmt in den Blättern der Bäume zu von dem Augenblick an, wo sie aus der Knospe heraustreten, bis zu demjenigen, wo sie gelb werden und abfallen. Siehe Nr. 1 und 2, Nr. 12 und 13, Nr. 16, 18 und 19, Nr. 30, 31 und 32. Die Pflanzen müssen in allen Theilen, welche keine Veränderung in ihrer Gestalt und ihrer Energie zu vegetiren mehr erleiden, Asche aufspeichern. In allen Zeitabschnitten wählte ich vollkommen grüne und gesunde Blätter aus; doch trug ich Sorge im Winter und Herbst nur diejenigen zu sammeln, welche die ältesten zu sein schienen.

Die soeben von mir mitgetheilten Ergebnisse [278] können nicht mehr auf einjährige Pflanzen angewandt werden, welche in ihrer Gesammtheit mit Einschluss der todten Theile, die sie besitzen können, geerntet und verbrannt werden. Die Asche dieser Pflanze vermindert sich in dem Maasse, wie ihre Entwicklung fortschreitet. Man vergleiche in der Tabelle der Veraschungen Nr. 35 und 36, Nr. 37, 38 und 39, Nr. 43, 44 und 45, Nr. 46, 47 und 48, Nr. 51, 52 und 53, Nr. 57, 58 und 59. Der Grund dieser Verschiedenheit rührt daher, dass die einjährigen Pflanzen in dem Maasse, wie sie altern und wie sie neue Bildungen hervorbringen, die untersten Blätter verlieren, welche die ältesten und folglich die aschereichsten sind. Wenn diese Blätter nicht abfallen, vergehen oder vertrocknen sie und geben in diesem Zustande des Absterbens ihre löslichen Bestandtheile dem Regenwasser, dem Thau und selbst dem Transpirationswasser preis. Könnte man das Verhältniss an Asche in einem einzelnen Blatte einer einjährigen Pflanze, vordem dieser Theil eine Veränderung erleidet, verfolgen, so würde man wahrscheinlich sehen, dass die Asche zunimmt, wie man es an den Blättern der oben aufgeführten Bäume wahrnimmt.

Die Aschemenge scheint bei den einjährigen Pflanzen in dem Maasse zuzunehmen, wie sie altern, wenn man sie im frischen Zustande betrachtet. Man vergleiche Nr. 37 und 38, Nr. 47 und 48. [279] Doch ist dies nur eine durch das Vegetationswasser hervorgerufene Täuschung Der Verlust dieses Wassers, der um so grösser ist, je weiter die Entwicklung vorgerückt ist, scheint das Verhältniss der Asche in dem Gewächse zu vergrössern, je näher dies durch denselben dem Trockenzustand gebracht wird.

Die Asche häuft sich nicht in unbestimmter Weise im Stamm

der Bäume an. Der Splint enthält mehr Asche als das Holz. Man vergleiche in der Veraschungstabelle Nr. 5 und 6, Nr. 22 und 23, Nr. 26 und 27. Wenn die Splintlagen erhärten und in den Zustand des Holzes übergehen, überlassen sie den aufsteigenden Säften die Asche, welche sie während ihres Wachsthums aufgespeichert hatten.

Ich nahm frische Nussblätter, liess den einen Theil derselben trocknen und wusch den anderen Theil wiederholt mit kaltem destillirtem Wasser. Dieser letztere wurde dann gleichfalls getrocknet; hundert Gewichtstheile der gewaschenen Blätter lieferten weniger Asche als hundert Gewichtstheile der nicht gewaschenen Blätter. Dies Ergebniss kann zum Theil als Grundlage für die vorhergehende Erklärung dienen.

Ein verfaultes Gewächs liefert bei gleichem Gewicht mehr Asche, als das nämliche Gewächs nicht gefault. Hundert Gewichtstheile faules Holz gaben mir mehr Asche als hundert Gewichtstheile gesundes Holz. Aber diese Erscheinung setzt in mehreren Fällen voraus, [280] dass das Gewächs nicht durch fliessendes Wasser während der Fäulniss ausgewaschen worden sei.

§ 3.

Ueber die Zusammensetzung der Asche im Allgemeinen.
Ueber den Einfluss des Bodens.

Die alkalischen Salze des Kalis oder des Natrons, die phosphorsauren Erden des Kalks oder der Magnesia, der freie oder kohlensaure Kalk, die Kieselsäure und die Oxyde des Eisens und des Mangans bilden vereinigt oder getrennt die wichtigsten Bestandtheile der Asche und die einzigen, mit denen ich mich beschäftigen werde; die Asche enthält noch viele andere, welche aber durch ihre kleine Menge sehr häufig unserer Beobachtung entgehen. Die Asche umschliesst vielleicht alle Stoffe, welche durch die Wirkung des zur Verbrennung benutzten Feuers nicht verflüchtigt werden können. Denn es ist möglich, dass unsere Atmosphäre alle Elemente suspendirt enthält, und dass eine ausgebildetere Analyse ihre Spuren auf allen Böden erkennen lässt.

Die Analyse zeigt, dass die vorwaltenden Bestandtheile der Asche im Humus enthalten sind, und dass sein löslicher Bestandtheil, welcher allein in das Gewächs eindringt, diese Bestandtheile in viel grösserem Verhältniss enthält als der unlösliche Theil. [281] (Vergleiche in der Tabelle der Analysen Nr. 10

und 11, Nr. 76 und 77, Nr. 78 und 79.) Ihr Vorhandensein in der Pflanze ist demnach nur natürlich, und ihre Abwesenheit würde grösseres Erstaunen erregen.

Die Natur des Bodens hat unter sonst gleichen Umständen einen merklichen Einfluss auf das Schwanken der Aschemengen bei den meisten Gewächsen. Ich habe die Einzelheiten eines Versuches mitgetheilt (Kap. VIII), in welchem ich Polygonum persicaria in einer Salzlösung und in destillirtem Wasser wachsen liess. Die ersteren Pflanzen haben bei gleichem Gewicht fast zweimal mehr Asche geliefert als die letzteren. Ich liess Saubohnen sich nach drei verschiedenen Verfahren entwickeln. Die ersten wurden geschützt vor Regen mit destillirtem Wasser ernährt. Hundert Theile der Pflanzen, welche diese Samen hervorbrachten, enthielten im trockenen Zustande zur Blüthezeit 3,9 Theile Asche. Gleiche Samen wurden in mit Kies gefüllte Glaskapseln gesäet und auf die Erde ins Freie gestellt; sie wurden theils natürlich, theils künstlich mit Regenwasser begossen. Hundert Theile dieser blühenden Pflanzen lieferten getrocknet $7\tfrac{1}{2}$ Theile Asche. [282] Schliesslich gaben blühende Saubohnenpflanzen, welche im freien Lande in einem Gemüsegarten wuchsen, 12 Theile Asche.

Das Verhältniss der Bestandtheile der Asche steht fast immer in Beziehung zu demjenigen der Bestandtheile, welche den Boden aufbauen. Die Pflanzen, welche auf einer von einem kieselhaltigen Gebirge herrührenden Erde wachsen, liefern unter sonst gleichen Umständen Asche, welche weniger Kalk und mehr Kieselsäure enthält als diejenigen, welche auf einer kalkhaltigen Erde wuchsen. (Man vergleiche in der Tabelle der Analysen Nr. 67 und 68, Nr. 71 und 72, Nr. 74 und 75.) Der Boden von Breven oder des Granitgebirges, auf welchem ich die kieselhaltigen Ernten gewann, war viel reicher an Eisenoxyd als derjenige des Kalkgebirges. Der nämliche Unterschied ist in der Asche zu beobachten. Alle Pflanzen wurden zu derselben Jahreszeit geerntet, indessen war die Vegetation auf dem kieselhaltigen Boden etwas mehr zurückgeblieben, und dieser Umstand bewirkte, wie ich im Folgenden zeigen werde, das Verhältniss der Kieselsäure und des Eisenoxyds in der Asche der Pflanzen, welche auf diesem Boden wuchsen, zu verkleinern.

Die Unterschiede in den Producten des kalkhaltigen und des kieselsäurehaltigen Bodens sind nur insoweit fühlbar, als die die Gewächse ernährenden Extractivstoffe verschiedene Mengen Kieselsäure und Kalk enthalten. [283] Die Pflanzen, welche auf mit dem nämlichen Dünger oder dem nämlichen Humus verbesserten Kalk- und Granitsand wachsen würden, würden ähnliche Aschen enthalten; darüber kann man sich aus dem Versuch von *Lampadius*, welcher in dem Journal des mines Nr. 65 verzeichnet ist, ein Urtheil bilden. Dieser Schriftsteller liess in einem Garten fünf Beete von je vier Fuss Oberfläche und ein Fuss Tiefe herstellen; getrennt waren sie durch Bretter. Jedes Beet war mit sehr reiner Erde und acht Pfund Kuhdünger gefüllt. Diese Erden waren Thonerde, Kieselsäure, Kalk, Magnesia und Gartenerde. Es wurde Roggen hineingesät und gefunden, dass seine Asche auf allen fünf verschiedenen Erden die nämlichen Stoffe enthielt. Hieraus schliesst unser Autor, dass die Kieselsäure sich während des Vegetirens der Pflanzen bilde und keine Beziehung zur Natur des Bodens, auf dem die Pflanze wächst, habe. Da *Lampadius* jedoch die Asche des Kuhdüngers, welche allein den Roggen ernährte, nicht untersucht hat, so kann man diese Schlussfolgerung nicht ziehen. Das einzige sichere Resultat, zu dem das soeben mitgetheilte Experiment führen kann, ist das, dass die Erden nicht in die Gewächse eindringen, wenn sie sich nicht im löslichen Zustande befinden. [284] Uebrigens werde ich im Folgenden zeigen, dass die freie Atmosphäre eine kleine Menge Asche in die Gewächse hineinbringt.

Ich will jetzt untersuchen, warum die Pflanzen verschiedener Arten, die auf dem nämlichen Boden wachsen, nicht alle Bestandtheile ihrer Asche in demselben Verhältniss enthalten, und warum die Asche ausserdem in den verschiedenen Theilen ein und desselben Gewächses variirt. Die Erklärungen, welche ich in Bezug auf diesen Gegenstand geben kann, sind weit davon entfernt, vollständig zu befriedigen, da sie oft durch eine Kenntniss bedingt sind, die mir fehlt, nämlich durch die von der vegetabilischen Organisation. Aber sie sind weniger widersinnig als diejenigen, welche den Gewächsen eine schöpferische Kraft für alle ihre Elemente zuschreiben; und wenn meine Betrachtungen irrig sein sollten, so hoffe ich wenigstens die Aufmerksamkeit auf neue Beobachtungen zu lenken. Ich werde in der Asche ihre hauptsächlichsten Bestandtheile getrennt prüfen.

§ 4.
Von den alkalischen Salzen in der Asche.

1. *Beobachtung.* Die alkalischen Salze*) bilden ohne Vergleich den reichlichsten Bestandtheil der Aschen einer grünen krautigen Pflanze, [285 deren Theile sich alle im Zustand des Wachsthums befinden. Ich war erstaunt, als ich fand, dass die Asche der jungen Pflanzen von Goldruthe Nr. 13, die auf einem unfruchtbaren und nicht cultivirten Gebiet gewachsen waren, diejenige der Saubohne Nr. 37, der Sonnenblume Nr. 46, des Weizens Nr. 51 und des Mais Nr. 57 wenigstens drei Viertel ihres Gewichtes an alkalischen Salzen enthielt. Man kann fast das Nämliche von der Asche derjenigen Baumblätter sagen, welche aus ihren Knospen hervorbrechen; sie enthalten wenigstens die Hälfte und zuweilen drei Viertel ihres Gewichts davon. Die Hälfte traf ich an in der Asche der Nuss- und Pappelblätter am 26. Mai, drei Viertel in den Eichenblättern am 10. Mai vor ihrer vollständigen Entfaltung; und alle diese Bäume wuchsen in einem uncultivirten Boden von schlechter Qualität. Diese Erscheinung kann nicht überraschen, da wir erkannt haben, dass die Asche des Extractes eines nicht cultivirten Humus mindestens die Hälfte ihres Gewichtes an alkalischen Salzen lieferte. (Man vergleiche Kap. V, § 3 und in der Analysentafel Nr. 76 und folgende.) [286] Aber selbst wenn im Extract dies Product sehr viel kleiner wäre, könnte es in der Pflanze doch unendlich viel grösser sein, wenn die alkalischen Salze, was man annehmen muss, die feinsten, die am wenigsten zähen Theile von allen festen Theilen des Extractes sind. Ich zeigte im Kap. VIII, dass die verschiedenen Substanzen, welche in ein und derselben Lösung enthalten sein können, nicht im gleichen Verhältniss, sondern im umgekehrten Verhältniss zu ihrer Zähigkeit in das Gewächs eindringen würden.

2. *Beobachtung.* Das Verhältniss der alkalischen Salze vergrössert sich niemals merklich, vermindert sich aber sehr oft in dem Maasse, wie sich die Pflanze entwickelt und auf dem nämlichen Boden alt wird. Diese Beobachtung erstreckt sich nicht

---

*) Ich adoptire hier die älteste Bezeichnung, welche den Namen alkalische Salze nur denjenigen beilegt, von denen Kali, Natron oder Ammoniak einen der Bestandtheile ausmachen; nur ist hier letzteres auszuschliessen, weil es in die Zusammensetzung der Asche nicht eingehen kann.

nur auf die einjährigen Pflanzen, sondern auch auf die Baumblätter im Laufe einer Vegetationsperiode. Eine Pflanze, welche aus der Erde hervorbricht, ein Blatt, das aus der Knospe heraustritt, enthält zu dieser Zeit eine Asche, welche ebenso oder gewöhnlich reicher an alkalischen Salzen ist, als in irgend einem anderen Zeitabschnitt der Vegetation. Man vergleiche in der Analysentabelle Nr. 1 und folgende, Nr. 12 und folgende, Nr. 16, 18 und folgende, Nr. 30 und folgende, Nr. 35 und folgende, Nr. 43 und folgende, Nr. 46 und folgende, 51 und folgende, 57 und folgende. [**287**] Dieser Entzug an salzigen Stoffen ist um so grösser, je weiter die Vegetation vorgerückt ist. Ein Gewächs, das im Mai aus der Erde hervorbricht, verliert weniger Salze zwischen Mai und Juli als zwischen Juli und September.

Wäscht man eine frische Pflanze mit Wasser (Analysentabelle Nr. 16 und 17), so entzieht ihr die Flüssigkeit die alkalischen Salze in grösserem Verhältniss als alle anderen Bestandtheile der Asche. Um so weniger nimmt die Flüssigkeit von derselben auf, oder die Pflanze hält sie mit um so grösserer Energie zurück, je grösser ihre Lebenskraft oder je weniger weit ihre Entwickelung vorgerückt ist. Das Wasser, welches um die Wurzeln circulirt, das Regenwasser, welches auf die Blätter fällt, endlich dasjenige Wasser, welches sie transpiriren, entzieht die Salze, wie ich es soeben mitgetheilt habe, und zwar in grösserem Maasse, als die Pflanze sie aufnimmt.

3. *Beobachtung.* Die alkalischen Salze sind in der Asche der Rinde in viel grösserem Verhältniss als in der Asche des Holzes und des Splintes enthalten. Siehe Nr. 4, Nr. 7, Nr. 15, Nr. 21, Nr. 24, Nr. 28. Die Rinde erneuert sich nur sehr langsam; sie ist das ganze Jahr über dem Abwaschen durch den Regen und den Thau ausgesetzt; sie ist mit einer todten Substanz, der Epidermis oder dem Kork, versehen; sie muss mehr denn irgend ein anderer Theil ihrer löslichsten Salze beraubt werden. **288**] Indessen scheint es nicht, dass dies Ergebniss ausschliesslich den mitgetheilten Ursachen zugeschrieben werden könne.

4. *Beobachtung.* Die Asche des ausgebildeten Holzes ist fast ebenso reich an alkalischen Salzen wie diejenige des ihm anhaftenden Splintes. Man vergleiche in der Analysentabelle Nr. 5 und 6, Nr. 22 und 23, Nr. 27 und 28.

Dies Ergebniss ist eigenthümlich: es steht im Gegensatz zu der Verminderung der Asche im Holze und zu den anderen Stoffen der nämlichen Asche. Das wohl ausgebildete Holz gesunder und kräftiger Bäume wie dasjenige, welches ich verbrannt, ist keine todte Substanz; es dient dem Saft als Leitungsbahnen oder Canäle; und es ist wahrscheinlich, dass diese Canäle, sehr viel enger oder dichter als diejenigen des Splintes, nur den flüssigsten Säften wie denjenigen, welche die salzigen Substanzen enthalten, Zutritt gewähren, und dass diese nämlichen Canäle für die anderen Stoffe ein unübersteigliches Hinderniss sind. Ueberdies ist das Holz den atmosphärischen Einflüssen entzogen und verliert durch dieselben fast gar nichts von den Salzen, die es erlangt.

Es scheint mir, dass die Asche des Holzes unter sonst gleichen Verhältnissen um so reicher an salzigen Substanzen sein muss, [289] je härter dasselbe ist, weil seine Canäle enger sind, und weil seine ganze Substanz sich weniger vom Regenwasser durchtränken lässt. Die Langsamkeit des Wachsthums der Bäume mit hartem Holze jedoch bringt ohne Zweifel häufige Abweichungen von diesem Princip mit sich. Werden die weichen Hölzer schneller der erworbenen Salze beraubt, so empfangen sie zum Ersatze dafür in der nämlichen Zeit sehr viel mehr davon durch die Schnelligkeit ihrer Aufsaugung und ihres Wachsthums.

5. *Beobachtung.* Die Asche der Samen ist reicher an alkalischen Salzen als die Asche der Pflanze, welche sie trägt: man vergleiche in der Analysentabelle Nr. 29, 32, 34, 40, 41, 54, 55, 60, 61, 63 und 64. Die meisten Samen sind in sehr wenig porösen Hüllen eingeschlossen, welche sie vor atmosphärischen Einflüssen schützen; sie transpiriren wenig, sie müssen also ihre Salze behalten; überdies hängen sie mit der übrigen Pflanze nur durch sehr feine und zarte Canäle zusammen, welche nur die allerflüssigsten Säfte hinzutreten lassen. Der berühmte *Vauquelin* hat eine meiner soeben mitgetheilten Beobachtung entgegengesetzte gemacht. Als er die Asche von Hafersamen mit derjenigen eines aus Körner tragenden Pflanzen gebildeten Schobers verglich, der zufällig zu Ecouen abbrannte, sah er (Annales de Chimie, tom. 29), [290] dass keineswegs der Same allein alkalische Salze enthält, sondern dass die ganze Pflanze damit ausgestattet ist. Hiergegen habe ich im Allgemeinen zu bemerken: 1. dass die Zeit der Ernte so grosse Veränderungen in der Zusammensetzung der Asche einführt, dass man die verschiedenen Theile eines und desselben Gewächses, wenn die Pflanzen nicht zu derselben Zeit und auf dem nämlichen Boden geerntet worden sind, nicht mit einander vergleichen kann; 2. dass dieser Chemiker nicht den reinen Samen des Hafers, sondern den Hafer mit der Spreu verbrannt, denn ich erhielt wie er 3,1 Theile

Asche auf 100 Theile ungeschälten Hafer, aber ich fand nur 1,7 Theile Asche in 100 Theilen spelzen- oder kelchfreiem Hafer. Die Spelze macht ungefähr den dritten Theil vom Gewicht des ungeschälten Samens aus; und 100 Theile dieser Hülle enthalten ungefähr dreimal mehr Asche als 100 Theile des nackten Samens. Die von *Vauquelin* geprüfte Asche enthielt also mehr als drei Viertel ihres Gewichtes den Spelzen zugehörige Asche. Ich analysirte die Asche der mit dieser Umhüllung versehenen Haferkörner, sie lieferten mir mit rein wässeriger Lauge keine alkalischen Salze; als ich jedoch diese Asche mit Salpetersäure löste, [291] als ich die Kieselsäure durch das Filter und die erdigen Phosphate durch Ammoniak trennte, als ich endlich die übrig bleibende Flüssigkeit einer schrittweise bis zur höchsten Erwärmung getriebenen Verdampfung unterwarf, erhielt ich als Rückstand auf 100 Theile Asche des mit Spelzen versehenen Hafers 15 Theile alkalische Salze.

Die Schwierigkeit, eine hinreichende Menge unbeschädigter nackter Hafersamen zu erhalten, verhinderte mich, eine genaue Analyse ihrer Asche anzustellen und sie mit derjenigen ihres Strohes zu vergleichen; aber ich habe Grund zu glauben, dass die Ergebnisse diejenigen, welche mir die anderen Samen lieferten, bestätigen würden, und dass sie zeigen würden, dass die Asche des nackten Haferkornes mehr als die Hälfte ihres Gewichtes an alkalischen Salzen enthält. Ich habe dieser Discussion mehr Zeit gewidmet, als sie verdiente. Die Ergebnisse *Vauquelin*'s sind ohne Zweifel vollkommen genau ; aber der Zeitpunkt der Ernte oder der Umstand, dass der Same dem Regen ausgesetzt war, genügt, um die Verschiedenheiten unserer Analysen zu erklären.

Auf dem nämlichen Boden enthält die Asche der Samen nahezu ebenso viel alkalische Salze wie die Asche der Pflanze, welche aus ihnen hervorgeht, zu einer Zeit, wo die Asche am meisten davon enthält, d. h. in den ersten Lebensabschnitten. [292] In dieser Beziehung erhielt ich nur sehr geringe Abweichungen, und man muss dieselben zum grossen Theil dem Umstand zuschreiben, dass meine Analysen mit dem ganzen Samen angestellt worden sind. Die gesammte Substanz dient dem Gewächs nicht als Nahrung; blos der innere Theil des Kornes wird zu dieser Function verwendet. Nun fand ich aber, dass die Kleie oder der äussere Theil des Weizenkorns ein Bischen weniger alkalische Salze enthielt als das Korn selbst, und dieser Kleie war eine bestimmte Menge Mehl beigemischt.

Ich habe mich weit in Einzelheiten über die Vertheilung der alkalischen Salze in den Pflanzen eingelassen, weil die Vertheilung der anderen festen Stoffe ihr an Bedeutung fast gänzlich nachsteht.

§ 5.
Ueber die phosphorsauren Erden in der Asche.

Die phosphorsauren Erden, nämlich diejenigen des Kalks und der Magnesia, bilden in den Humusextracten eine in Wasser lösliche Verbindung, welche nur die Natur hervorbringen kann. Es ist uns unbekannt, ob diese Salze dem Extract wesentlich sind; wie dem aber auch sein möge, so verstehe ich, wenn ich von der Löslichkeit der Phosphate in Wasser rede, darunter nur die Löslichkeit des extractiven Theiles, der sie enthält. [293] Es verhält sich ebenso mit der Kieselsäure, dem Kalk und den Metalloxyden.

Die phosphorsauren Erden sind nach den alkalischen Salzen der reichlichste Bestandtheil der Asche einer grünen krautigen Pflanze, deren sämmtliche Theile sich im Zustande des Wachsthums und des Vegetirens befinden. Man muss annehmen, dass sie nach den alkalischen Salzen den feinsten, am wenigsten zähen Theil der festen Bestandtheile des Extractes ausmachen. Diese beiden Arten von Salzen weisen fast immer bis auf die Menge und aus denselben Gründen das nämliche Verhalten in der Asche auf.

Wenn man mit Wasser ein Gewächs abwäscht, so werden ihm durch dasselbe die phosphorsauren Erden in viel grösserem Verhältniss als alle anderen Aschenbestandtheile entzogen, ausgenommen die alkalischen Salze. Man vergleiche in der Analysentabelle Nr. 16 und 17.

Das Blatt eines Baumes enthält an phosphorsauren Erden reichere Asche, wenn es aus der Knospe hervorbricht, als in irgend einem späteren Lebensabschnitt. Siehe Analysentabelle Nr. 1, 2 u. f.

Das Verhältniss der phosphorsauren Erden vermindert sich in der Asche der einjährigen Pflanzen von dem Zeitpunkt der Keimung bis zu demjenigen der Blüthe: Man vergleiche Nr. 37, 38, 43, 44, 46, 47, 51 und 52. [294] Aber diese Phosphate scheinen zur Zeit der Reife der Samen zuzunehmen, wenn letztere in reichlicher Menge vorhanden sind. (Man vergleiche die Nummern, welche auf die soeben aufgeführten folgen.) Dieser umgekehrte Gang ist eine durch die Veränderung von Bestandtheilen, welche bei dem Veraschungsvorgang statthat, hervorgerufene Täuschung. Die Phosphate haben sich in der Pflanze vermindert und in ihrer Asche vermehrt. Die Asche der Samen ist reichlich mit phosphorsaurem Kali versehen und frei von kohlensaurem Kalk. Die Asche der Stengel und Blätter enthält zur Zeit der Fruchtreife nur wenig oder kein phosphorsaures Kali und als Ersatz dafür kohlensauren Kalk; man vergleiche die Analysen Nr. 40, 41, 51, 55, 60, 62, 63 und 64. Wenn die Asche der Stengel und der Samen sich während der Veraschung mischen, zersetzt der freie oder kohlensaure Kalk das phosphorsaure Kali, indem es phosphorsaure Erde bildet. Er verwandelt also ein alkalisches Salz in ein erdiges und lässt dies letztere in der Asche reichlicher erscheinen, als es in der Pflanze vorhanden ist. Dies Resultat ist sehr auffallend in den Aschenanalysen von Saubohnenpflanzen mit den reifen Samen und von diesen Pflanzen ohne Samen und von den Samen für sich: Nr. 39, 40 und 41.

[295] Die Menge der phosphorsauren Erde, welche der Same allein in viel grösserem Verhältniss enthält als der Stengel, genügt nicht, um die durch die Veraschung der ganzen mit Samen versehenen Pflanze erhaltene Zunahme an phosphorsaurer Erde zu erklären, wenn man diejenige phosphorsaure Erde nicht mit dazu rechnet, die zum Theil von der Zersetzung des in den nämlichen Samen enthaltenen phosphorsauren Kalis herrührt.

Die Asche der Rinde enthält eine viel weniger grosse Menge phosphorsaurer Erden als diejenige des Splintes; man vergleiche in der Analysentabelle Nr. 6, 7, 14, 15, 20, 21, 23, 24, 27 und 28. Der Grund davon ist der nämliche wie für die alkalischen Salze, § 4.

Die Asche des Splintes enthält mehr phosphorsaure Erden als diejenige des Holzes. Dies Ergebniss entspricht der Aschenverminderung in letzterer Substanz (vergleiche die Tabelle der Veraschungen); aber es steht im Widerspruch mit der Gegenwart der alkalischen Salze in demselben Holze. Ich habe § 4 versucht, eine Erklärung für diese Abweichung zu geben: übrigens betrachte ich die angegebene Ursache nicht als vollkommen ausreichend. Es ist möglich, dass die Theile, welche aufhören zu wachsen, ihre Phosphorsäure verlieren oder zersetzen und nur die Erde des Phosphats zurückhalten.

[296] Die Entdeckung einer grossen Menge Phosphor in den Samen ist sehr alt; sie stammt aus der Zeit *Pott's* und wurde

von *Margraff* bestätigt*). *Vauquelin* erkannte, dass die Stengel des Weizens und des Hafers weniger Phosphate enthalten als die Samen. Diese Ergebnisse sind durch meine Beobachtungen an mehreren anderen sehr verschiedenartigen Pflanzen bestätigt worden. Dieser berühmte Chemiker konnte in Gemeinschaft mit seinem Collegen *Fourcroi* phosphorsaure Ammoniak-Magnesia aus einigen Samen vor ihrer Verbrennung gewinnen: Wahrscheinlich bildet sich durch die Einwirkung des Kalis auf dies Phosphat phosphorsaures Kali, welches mich meine Analysen in so reichlicher Menge in mehreren Aschen entdecken liessen. Es entsteht sicher auch noch durch die Einwirkung des Kalis auf die einfachen Phosphate des Kalks und der Magnesia, wie man ausführlich in § 12 sehen wird.

§ 6.
Vom freien oder kohlensauren Kalk in der Asche.

Als ich Blätter mit Wasser wusch (Analysentabelle Nr. 16 und 17), nahm das Verhältniss des kohlensauren Kalks in ihrer Asche durch diese Operation zu. Diese Wirkung fand nur durch einen grösseren Entzug der anderen festen Bestandtheile, nämlich der alkalischen Salze und der Phosphate statt. Aus diesem Grunde begreift man, warum ich in allen meinen Analysen Nr. 1, 2, 12, 13, 14, 16, 18, 35, 36 u. s. w. gefunden habe, dass das Verhältniss des kohlensauren Kalkes in dem Maasse sich vergrösserte, wie die Pflanze wuchs, weil sie ihre Salze und Phosphate in viel grösserem Verhältniss als den Kalk verlor.

Man findet aber selten Pflanzen, welche durch eine besondere Beschaffenheit ihre Salze fast nahezu in dem nämlichen Verhältniss während ihrer ganzen Lebenszeit bewahren; bei diesen vermehrt sich der kohlensaure Kalk nicht merklich, wie es z. B. für die Saubohnenpflanzen zutrifft.

In den grünen krautigen Pflanzen, [298]. deren sämmtliche Theile sich im Zustand des Wachsthums befinden, kommt der kohlensaure Kalk nur in sehr geringer Menge vor; sie enthalten kaum mehr als 10 oder 12 Hundertstel davon, und ich glaube, dass aus nahezu gleichen Theilen kohlensauren Kalks und alkalischer Salze zusammengesetzte Asche für eine einzige dieser Pflanzen ein unmögliches Product sein würde, wenigstens auf

---

*) Opuscules chimiques de *Margraff*, t. I. p. 68.

natürlichem Standort. Der Grund dieser Erscheinung liegt darin, dass die in der grünen Pflanze vorhandenen alkalischen Salze zum grossen Theil aus phosphorsauren Alkalien bestehen, welche sich bei der Veraschung in phosphorsaure Erden verwandeln.

Wir schliessen also hieraus nicht, dass, weil gewisse Pflanzen (wie z. B. die Gramineen vor ihrer völligen Entwicklung) keinen freien oder kohlensauren Kalk bei der Veraschung liefern, die Substanz, welche diese Erde in den anderen Pflanzen hervorbringt, in den uns beschäftigenden nicht vorkomme; es ist sogar sehr wahrscheinlich, dass sie sich darin findet.

Die Asche der Rinden enthält eine ausserordentlich grosse Menge kohlensauren Kalk und viel mehr als der Splint, weil sie ihrer alkalischen Salze und ihrer phosphorsauren Erden beraubt sind. Siehe Nr. 6, 7, 14, 15, 23, 24, 27 und 28.

Die Asche des ausgebildeten Holzes enthält mehr kohlensauren Kalk als der Splint, [**299**] weil sie frei von Phosphaten ist.

Die Asche der meisten Samen und selbst aller der von mir geprüften enthält keinen kohlensauren Kalk, weil sie reichlich mit phosphorsaurem Kali versehen ist. Durch die Gegenwart dieses Salzes kann es sich ereignen, dass samenreiche Pflanzen zur Zeit der Blüthe an kohlensaurem Kalk reichere Asche liefern als zur Zeit der Fruchtreife.

Die Samen mancher Lithospermumarten brausen mit Säuren leicht auf; sie enthalten kohlensauren Kalk oder Magnesia vor der Verbrennung; doch ist es möglich, dass ihre Asche diese Erden im freien Zustande oder als kohlensaure Verbindung nicht liefert.

§ 7.

Von der Kieselsäure in der Asche.

Die Kieselsäure ist nur in grosser Menge in der Asche vorhanden, wenn die Gewächse ihrer Salze und Phosphate beraubt sind. Viel alkalische Salze und viel Kieselsäure sind zwei unvereinbare Bestandtheile in der Zusammensetzung einer jungen grünen krautigen Pflanze, [**300**] deren sämmtliche Theile sich im Zustand des Wachsthums befinden.

Wenn man eine frische Pflanze mit Wasser wäscht, so nimmt das Verhältniss der Kieselsäure in der Asche der gewaschenen Pflanze zu. Siehe Nr. 16 und 17 der Analysentabelle.

Die jungen Pflanzen, die Blätter, welche aus ihren Knospen hervorbrechen, enthalten Asche, welche sehr wenig reich an

Kieselsäure ist. Das Verhältniss dieser Erde vergrössert sich jedoch in dem Maasse, wie die Pflanze sich entfaltet und sich ihrer alkalischen Salze entäussert. Die reinsten, den atmosphärischen Einflüssen ausgesetzten Humusarten sind deshalb reich an dieser Erde.

Das Verhältniss der Kieselsäure nimmt nicht merklich in denjenigen Pflanzen zu, welche wie die Saubohnen während ihrer ganzen Lebenszeit das nämliche Verhältniss der alkalischen Salze bewahren.

Ich säete zugleich Mais- und Weizenkörner in denselben Boden aus; als ich die Pflanzen einen Monat nach der Keimung oder einen Monat vor der Blüthe prüfte, fand ich, dass alle sichtbaren Theile des Mais sich im Zustande des Wachsthums befanden. [301] Ihre Asche enthielt damals $\frac{8}{100}$ Kieselsäure und $\frac{80}{100}$ alkalische Salze; die Wurzelblätter des Weizens hingegen waren zu dieser Zeit schon trocken oder gelb geworden, obgleich sich die Pflanze im Zustande guten Gedeihens befand. Ihre Asche enthielt damals $\frac{12}{100}$ Kieselsäure und $\frac{65}{100}$ alkalische Salze. Zur Zeit der Blüthe oder einen Monat nach den vorstehenden Beobachtungen vegetirte der Mais in allen Theilen wie vorher und lieferte eine Asche, die $\frac{8}{100}$ Kieselsäure und $\frac{80}{100}$ alkalische Salze enthielt. Der Weizen hingegen hatte, obgleich in lebenskräftigem Zustande, die Zahl seiner trocknen oder gelben Blätter vergrössert; seine Asche enthielt damals 32 Theile Kieselsäure und 54 Theile alkalische Salze. Diese Beobachtungen zeigen uns, wie in Folge von sehr einfachen, aber nach den Vegetationsverhältnissen verschiedener Pflanzen abgeänderten Umständen die Gewächse ungleiche Asche enthalten müssen, selbst wenn vorausgesetzt wird, dass die aufgenommene Nahrung gleich sei. Es ist jedoch sehr wahrscheinlich, dass sie es nicht einmal auf dem nämlichen Boden ist, und dass die Wurzeln sie bei ihrem Eintritt je nach der mehr oder weniger grossen Oeffnung ihrer Poren verändern.

Die meisten Gramineen unterscheiden sich von anderen Pflanzen durch einen grösseren Gehalt an Kieselsäure; man kann daraus schliessen, 302] dass diese Gramineen viel mehr davon aufnehmen und verlieren; man muss glauben, dass sie eine reichlichere Nahrung aufnehmen, und dass sie sich derselben zum Theil ebenso wieder entäussern. Die an Kieselsäure reichsten Pflanzen müssten unter sonst gleichen Umständen die aussaugendsten Pflanzen sein.

Ich behaupte jetzt nicht, dass diese Gräser sich durch weitere

Poren auszeichnen. Es ist im Gegentheil möglich, dass ihre Poren enger sind, da die Pflanzen in der Jugend weniger kohlensauren Kalk und oft mehr alkalische Salze enthalten als die anderen Gewächse; allein man muss zugeben, dass sie eine viel grössere Saugkraft und viel reichlichere Ausscheidungen besitzen. In der That bemerkt man bei mehreren dieser Pflanzen eine sehr lebhafte besondere Ausdünstung. (Physiologie végétale de *Senebier*, tome 4, p. 87.)

Die ihrer äusseren Hüllen beraubten Samen enthalten weniger Kieselsäure als der beblätterte Stengel, der dieselben trägt.

Indessen behaupte ich nicht, alles erklären zu können. In der Vertheilung der Kieselerde in den Bäumen treten Erscheinungen auf, deren Ursache ich nicht einsehe. [303] Der Stamm der Bäume, ihre Rinde, ihr ausgebildetes Holz enthalten oft keine Kieselsäure, während ihre Blätter damit beladen sind, besonders im Herbst; durch ihren periodischen Fall wird den Bäumen diese Erde entzogen. Ich prüfte fünf verschiedene Baumrinden, diejenigen der Pappel, der jungen und alten Eiche, des Maulbeerbaumes und der Hainbuche, und nur in der Rinde des Maulbeerbaumes fand ich eine erhebliche Menge Kieselsäure. Fast keine fand ich in dem ausgebildeten Holze aller dieser Bäume. Ihre Blätter enthielten eine ansehnliche Menge und vier oder fünf Mal mehr als das Holz oder die Rinde.

§ 8.

Von den Metalloxyden in der Asche.

Das Verhältniss der Oxyde des Eisens und des Mangans nimmt in der Asche zu in dem Verhältniss, wie die Entwicklung der Pflanze vorrückt. Die Blätter der Bäume liefern im Herbste an diesen Bestandtheilen reichere Asche als im Frühjahr. Ebenso verhält es sich mit den einjährigen Pflanzen. Die Samen enthalten die Metalle in weniger grossem Verhältniss als der sie tragende Stengel. Wäscht man eine Pflanze mit Wasser ab, [304] so vergrössert sich durch diese Operation das Verhältniss ihrer Metalloxyde. Die reinsten Humusarten finden sich immer sehr reichlich mit Metalloxyden versehen, und viel reichlicher als die Pflanzen, aus denen erstere hervorgehen.

§ 9.

Ueber den Einfluss der Atmosphäre auf die Asche der Gewächse.

Man kann erkennen, ob die Atmosphäre Erden und Salze in die Gewächse hineinschafft, wenn man die Samen sich mit Hülfe von destillirtem Wasser entwickeln lässt, und wenn man zusieht, ob das Gewicht der Asche dieser so entwickelten Pflanzen das Gewicht der Asche übersteigt, welches ein vorläufiger Versuch in dem Samen angab.

Einundvierzig Saubohnen (Vicia faba), welche zusammen 79,135 Gramm (2½ Unze + 51 Gran) wogen, wurden auf den erweiterten Hals von einundvierzig Medizingläschen, von denen jedes mit 594 Cubikcentimeter (30 Cubikzoll) destillirten Wassers gefüllt war, gesteckt; ich setzte sie der freien Luft und der Sonne auf einem Blumenbrett vor dem Fenster aus, wo sie vor Regen geschützt waren. Die Pflanzen erreichten eine Höhe von ein Fuss und selbst darüber; [305] ihre Stengel waren schwach und konnten sich nur durch mancherlei Befestigungen aufrecht erhalten. Sie blühten, aber die Blüthen waren klein, unvollkommen und fast unkenntlich. Ich beendete den Versuch nach zwei und einem halben Monat während oder unmittelbar nach der Blüthezeit, weil die Pflanzen zu diesem Zeitpunkt ihre mächtigste Entwicklung erlangt hatten, und weil sie anfingen, matter zu vegetiren. Die Blätter und die äussersten Enden des Stengels wurden durch ihr eigenes Gewicht zu Boden gedrückt*). Sie nahmen 17,835 Liter (900 Cubikzoll) destillirtes Wasser auf. Die Fläschchen enthielten nach dem Versuch 3,963 Liter (200 Cubikzoll) mit Conferven versehenes Wasser; die verdunstete Flüssigkeit hinterliess einen getrocknet 5,8 Decigramm (11 Gran) wiegenden Rückstand, der bei der Verbrennung 1½ Gran Asche gab. [306] Diese schien mir aus drei Theilen Kalk, einen Theil Kieselsäure und einer unwägbaren Menge alkalischer Salze zusammengesetzt zu sein.

---

*) Ich hätte eine viel kräftigere Vegetation erzielen können, welche sich von der Vegetation in freiem Lande wenigstens bis zur Zeit der Fruchtbildung nicht unterschieden hätte, wenn ich diese Samen in mit Sand oder reinem Kies gefüllte Töpfe gesät hätte; aber ich weiss nicht, ob die Säfte der Wurzeln nicht selbst die Steine angreifen. Die Erosionen, welche die Flechten zuweilen auf Felsen hervorrufen, sprechen dafür. Ueberdies brachte die überraschende Menge Insekten, die ihre Abgänge und Leichname in freiem Felde auf den Blättern zurücklassen, und die Ueberreste aller Art, welche der Wind ihnen zuführt, Unsicherheit in die Versuchsergebnisse.

Gewicht der Saubohnen vor dem Versuch . .	79,135 Gramm	($2\frac{1}{2}$ Unze + 51 Gran)
Ungefähres Gewicht der aus den vorstehenden Samen hervorgegangenen grünen Pflanzen .	611 Gramm	(20 Unzen)
Gewicht derselben Pflanzen getrocknet . . .	81,337 Gramm	($2\frac{3}{4}$ Unzen + 5 Gran)
Gewicht der Asche der Samen vor ihrer Entwicklung	2,601 Gramm	(19 Gran)
Gewicht der Asche der aus ihnen hervorgegangenen Pflanzen . . .	3,025 Gramm	(58 Gran)
Differenz oder Gewicht der aus der Atmosphäre niedergeschlagenen Asche	124 Milligramm	(9 Gran)

	Die 49 Gran Asche der Samen enthielten vor dem Versuch	Die 58 Gran Asche der im destillirten Wasser entwickelten Saubohnen enthielten	58 Gran Asche der in Blüthe stehenden, in Humus gewachsenen Saubohnenpflanzen enthielten
Kali	10,9	13	33,2
Phosphorsaures Kali .	21,5	19,25	0
Salzsaure und schwefelsaure Alkalien . . .	1,1	2,5	7
Phosphorsaure Erden .	13,68	17,5	8,7
Kohlensaure Erden . .	0	0	3
Kieselsäure	0	unwägb. Menge	1,2
Metalloxyde	0,25	0,25	0,25

[307] Aus dem Vorstehenden ersieht man, dass die Pflanzen 124 Milligramm oder neun Gran Asche gewonnen haben, und dass die Zusammensetzung derjenigen Asche, welche die ganze in destillirtem Wasser erzogene Pflanze einschliesst, sehr wenig von der des Samens abweicht.

Die Atmosphäre hat, wie ich glaube, in diesen Pflanzen alle gewöhnlichen Bestandtheile der Asche, aber besonders Kalk abgelagert: diese Erde zersetzte einen Theil des phosphorsauren Kalis und bildete phosphorsauren Kalk. Während des Vegetirens der Pflanzen verflüchtigte sich eine kleine Menge Alkali. Der Unterschied zwischen der Asche der in destillirtem Wasser entwickelten Saubohnenpflanzen und der Asche, welche von den im Humus gewachsenen Pflanzen herstammt, zeigt uns, wie gross der Einfluss des Bodens auf ihre Zusammensetzung ist.

Ich glaube nicht, dass man aus der kleinen Zunahme, welche wir bei den im destillirten Wasser gewachsenen Pflanzen beobachten, schliessen darf, dass sie selbst aus den Gasen und dem Wasser diese hinzugekommenen Bestandtheile bildeten. Wenn man bedenkt, mit welcher Schnelligkeit irgend ein der freien Luft ausgesetzter Körper sich mit Staub bedeckt durch die ungeheure Menge Körperchen, welche in unserer Atmosphäre herumfliegen; wenn man beachtet, dass die 41 Saubohnenpflanzen 308] diesen Körperchen während zweier Monate einen Halt von mehr als einem Quadratfuss Oberfläche darbieten, so müsste man weniger überrascht sein, dass diese Zunahme vorhanden ist, als wenn sie nicht vorhanden wäre; ihre Menge bietet hier nichts Uebernatürliches. Berücksichtigen wir ferner, dass das destillirte Wasser selbst niemals rein ist: es enthält fremde Bestandtheile*), deren Gewicht wir nicht schätzen können, weil sie zusammen mit dem Wasser bei der Verdunstung entweichen.

§ 10.

Näheres über die zur Veraschung angewandten Verfahren.

Die einjährigen Pflanzen wurden vollständig mit den eventuellen todten Blättern geerntet; ich habe nur die stets mit anhaftender Erde versehenen Wurzeln abgeschnitten.

[309] Die unteren Theile des Stengels wurden sorgfältig von angespritzter Erde befreit. Wenn ich die einjährigen Pflanzen mit ihren reifen Samen einsammelte, so geschah das genau

---

*) *Karsten* und *Westrumb* bemerkten, dass das mit der grössten Sorgfalt destillirte Wasser, welches frisch bereitet durch Reagentien nicht verändert wird, Veränderungen erleidet, wenn es vierzehn Tage dem Lichte oder vier Wochen der Dunkelheit ausgesetzt wird, welche alle Anzeichen von Gährungsproducten an sich tragen; alsdann trübt es ein wenig die Lösungen von Blei und Silber; es giebt schwache Reactionen auf Ammoniak und zu anderen Zeiten auf Säure. (Kleine physikalisch-chemische Abhandlungen von *Westrumb*. Zweites Heft.)

zur Zeit der Reife und nicht nach dem Tode der Pflanze. Die Baumblätter, selbst die herbstlichen, sind immer grün und in vollständig gesundem Zustand gewählt worden. Indessen wurde in dieser Jahreszeit Sorge getragen, dass nicht diejenigen der letzten, sondern der ältesten Triebe genommen wurden.

Alle diese Gewächse wurden nach ihrer Einsammlung vor Regen geschützt aufbewahrt. Als sie trocken erschienen, wurden sie für einige Wochen in einen auf 20° R. erwärmten Trockenschrank gelegt; ihre grünen oder weichen Theile wurden hier grösstentheils brüchig und zerreiblich; in diesem getrockneten Zustande wurden die Pflanzen alsdann gewogen. Trotz dieser Vorsicht können die Pflanzen nicht auf ein und denselben Grad der Trockenheit gebracht werden; derjenige, dessen sie bei der nämlichen Temperatur fähig sind, wechselt nicht nur nach der Art, sondern auch bei derselben Pflanze nach dem Entwicklungsstadium. Im Allgemeinen schien es mir, als wenn die grünen, in der Jugend gepflückten Pflanzen [310] vollkommenerer Trockenheit fähig sind als diejenigen, welche in vorgerückterem Alter geerntet werden. Diese letzteren bewahren bei der weiter oben augegebenen Temperatur eine halbe Geschmeidigkeit, die ein gewisses Anzeichen von dem Vorhandensein von Wasser in Substanzen ist, welche, wie z. B. diejenigen, mit denen ich mich beschäftige, erst bei viel höherer Temperatur steif und zerbrechlich werden. Die Unmöglichkeit, diese Menge flüssigen und der eigentlichen Zusammensetzung der Pflanze fremden Wassers zu schätzen, muss immer eine gewisse Unsicherheit in die Ergebnisse der Pflanzenanalyse bringen.

Die nach diesem Verfahren getrockneten Pflanzen wurden auf einem grossen Eisenblech verbrannt; der bei der Operation bleibende Rückstand wurde von neuem in einem bis zur dunklen Rothgluth erwärmten Tiegel eingeäschert, bis die Kohletheilchen nicht mehr verbrennungsfähig waren. Es giebt vegetabilische Substanzen, die es mir nicht gelungen ist vollständig zu veraschen oder in graue oder weisse Asche zu verwandeln, z. B. Weizenstroh und Weizenkörner; Zucker, Amylum, Gummi, Maispflanzen und Maiskörner, ebenso Saubohnen-, Gerste- und Hafersamen hingegen konnten leicht in weisse Asche übergeführt werden.

[311] Je mehr Zeit man für die Operation anwendet, je gemässigter die Wärme des Ofens ist, um so vollkommener ist auch die Veraschung. Man muss sich hüten, besonders bei der immer sehr schwierigen Verbrennung der Samen, die Asche oft umzu-

rühren. Dadurch zerstampft man die Salze, und die Kohle verdichtet diese, während sie ein wenig flüssig ist, und verhindert so ihre Verbrennung, ja macht sie zuweilen unmöglich. Meine Einäscherungsergebnisse sind im Allgemeinen geringer als diejenigen der mir vorausgegangenen Forscher. Aber die meisten unter ihnen haben, da sie nur die Darstellung der Salze im Grossen im Auge hatten, die Veraschung des Rückstandes aus der ersten Verbrennung an freier Luft nicht im Tiegel vollendet.

Die Gewächse liefern nach *Pertuis* mehr Asche, wenn sie grün, als wenn sie getrocknet verbrannt werden. Aber wahrscheinlich theilt er dies Ergebniss nur darum mit, damit man die Pflanzen nach der Ernte nicht der Wirkung des Wassers aussetze; denn mir haben sie, grün oder getrocknet, die nämliche Menge Asche geliefert.

Alle Producte meiner Veraschungen sind heiss, wie sie aus dem Tiegel kamen, gewogen und ebenso analysirt worden.

[312]   § 11.

Genaueres über das zur Analyse der Asche angewandte Verfahren.

Das mir gesteckte Ziel besteht darin, die Regel in der Zusammensetzung der Asche nicht nur bei verschiedenen Pflanzen, sondern auch in ihren verschiedenen Theilen und nach den Lebensabschnitten kennen zu lernen. Mein Leben würde zu einer solchen Arbeit nicht ausreichen, wenn ich mich an sehr eingehende Analysen binden wollte. Die von mir befolgten Verfahrungsarten schienen mir für die allgemeinen Untersuchungen, die ich im Auge hatte, genau genug; sie bestehen in folgenden Operationen.

A. Die bei Glühhitze getrocknete und, wenn sie zusammenbackte, gepulverte Asche wurde mit dem Zwanzigtausendfachen ihres Gewichtes destillirten Wassers aufgekocht. Die abfiltrirte Lauge wurde bis zur Trockenheit bei Glühhitze eingedampft. Das Gewicht des Rückstandes gab mir das der in Wasser löslichen, in der Asche enthalten gewesenen Salze an; dies Ergebniss wurde in die erste Reihe der Tabelle eingetragen, wenn eine neue Lösung dieses Rückstandes in wenig Wasser nichts Unlösliches zurückliess; [313] im entgegengesetzten Falle wurde sie filtrirt und von Neuem eingedampft, bis die Salze eine vollständige Lösung bilden konnten. Der durch die Verdampfung unlöslich gewordene Theil ist kohlensaurer Kalk in den Aschen.

welche wie die der Rinden viel von dieser Erde enthalten. Er besteht aus mit Kalk oder Magnesia verbundenem phosphorsaurem Kali in der Asche der Gramineen und derjenigen Samen, welche keinen freien oder kohlensauren Kalk, zum Ersatz dafür aber viel phosphorsaure Erden und phosphorsaures Kali enthalten. Die Kieselsäure findet sich stets nur in unbedeutenden Mengen vor, wenigstens wenn, wie ich das stets zu thun versuchte, der niedrigste mögliche Grad des Feuers, um die Veraschung zu bewirken, in Anwendung kam. Meine Ausbeute an alkalischen Salzen aus den nämlichen Pflanzen ist im Allgemeinen weit grösser als die meiner Vorläufer. Ich kann diesen Unterschied nur der grösseren Vervollkommnung meiner Veraschungen und der Sorgfalt zuschreiben, welche ich bei der Ernte meiner Pflanzen auf das Trocknen verwandte. Das Wasser entzieht der Asche bei Weitem nicht alle alkalischen Salze; doch ist die Menge, welche man daraus gewinnen kann, immer nahezu derjenigen proportional, welche sie enthält, wenn kein phosphorsaures Kali vorhanden ist. [314] Wenn dies Salz in der Asche zugegen war, stellte ich fast immer eine genauere Analyse an, wovon ich weiterhin sprechen werde.

B. Die gewaschene und in Wasser unlösliche Asche wird in einer Porzellankapsel mit dem Sieben- oder Achtfachen ihres Gewichtes gereinigter Salpetersäure gekocht. Der Rückstand wurde bei Glühhitze mit dem Sechsfachen seines Gewichtes verwitterter Soda in einem Platintiegel behandelt. Das entstandene Glas wurde in Wasser gelöst und darauf mit Säure gemischt. Die Lösung wurde zur Trockne eingedampft; der Rückstand wurde mit der Säure digerirt und filtrirt. Die bei dieser Behandlung ungelöst bleibende Masse wurde nach dem Trocknen bei Glühhitze unter der Bezeichnung Kieselsäure eingetragen.

C. Die salpetersaure Lösung der Asche wurde durch blausaures Kali gefällt und filtrirt; hierauf wurde sie durch Eindampfen eingeengt und mit wenig Wasser oder Säure verdünnt. Zum zweiten Male wurde sie mit blausaurem Kali gefällt. Die Trennung der Niederschläge geschah durch ein doppeltes Filter, und der Unterschied zwischen dem Product der Veraschung jedes einzelnen Filters zeigte die Menge Metalloxyde an, welche die Asche nach Abzug des Gewichtes der in das blausaure Kali eingegangenen Metalloxyde enthielt.

[315] *D.* Die von den Metalloxyden befreite und durch Eindampfen eingeengte salpetersaure Lösung wurde mit Ammoniak gefällt. Der bei Glühhitze getrocknete Niederschlag gab nahezu,

wenn man die Thonerde abzieht, das Gewicht der phosphorsauren Erden. Unter diesen Namen ist phosphorsaurer Kalk und phosphorsaure Magnesia zu verstehen.

E. Diese Phosphate löste ich in der Salpetersäure, sie wurden durch Kali im Ueberschuss gefällt, und das Gemisch wurde gekocht; die filtrirte Flüssigkeit wurde mit einer Säure gesättigt und mit Ammoniak gefällt, wodurch Thonerde zum Vorschein kam; diese Erde wurde durch eine neue Lösung und Fällung gereinigt. Nachdem sie bei Glühhitze getrocknet und pulverisirt worden war, wurde sie mit Essig digerirt, um ihr die Erden, welche mit ihr vereinigt sind, zu entziehen. Aber ihre Menge ist ausserordentlich klein und häufig gleich Null; in mehr als vierzig Aschen, die ich daraufhin untersuchte, fand ich, dass sie ein Hundertstel vom Gewichte der Asche nicht überstieg. Ich hatte geglaubt, in den Analysen, die ich vor einigen Jahren im Journal de physique über die Veraschung einiger auf verschiedenen Böden gewachsenen Pflanzen mittheilte, eine grosse Menge zu erkennen. [316] Aber ich habe seitdem eingesehen, dass mein Irrthum der Unreinheit der Asche und der Löslichkeit der phosphorsauren Erden im Kali entsprang. Ebensolche Pflanzen wurden von Neuem verbrannt und mit grösserer Sorgfalt analysirt.

F. Die salpetersaure Lösung *D*, befreit von den Metalloxyden und den phosphorsauren Erden, wurde durch krystallisirtes kohlensaures Natron gefällt: das Gemisch wurde lange gekocht und nach dem Erkalten filtrirt. Durch dies Verfahren werden die kohlensauren Erden getrennt, d. h. der kohlensaure Kalk und die kohlensaure Magnesia: ich führe diese letztere Erde nur an, um sie nicht fortzulassen: denn es schien mir, als ob die reine oder kohlensaure Magnesia stets nur in unbedeutender Menge in die Asche eintritt. Es verhält sich nicht ebenso mit der phosphorsauren Magnesia, deren Entdeckung in der Asche von *Fourcroy* und *Vauquelin* herrührt.

G. Die in der Tabelle unter der Bezeichnung »Verlust« eingetragene Columne giebt den Unterschied an, welcher sich zwischen der Summe der getrennten Bestandtheile und der zum Versuch benutzten Menge findet. Dieser Unterschied ist ausserordentlich und muss auf den ersten Blick ein ungünstiges Licht auf die Ergebnisse werfen; aber ich habe mich überzeugt, dass dieser Verlust nicht auf alle Ergebnisse der Analyse vertheilt werden darf; [317] er erstreckt sich nur auf die in Wasser löslichen alkalischen Salze, die während der Veraschung mit den Erden und den phosphorsauren Erden eine Verbindung bildeten, welche eine Abkochung mit Wasser nicht vollständig zerstören konnte. Man muss also den in die Tabelle eingetragenen Salzen diesen Verlust zurechnen, indem man vier oder fünf Hundertstel für den bei diesen Manipulationen unvermeidlichen Verlust abrechnet, wenn man nahezu die absolute Summe der in der Asche enthaltenen Alkalien wissen will. Ich habe stets diese verlorenen Salze gefunden, wenn ich, nachdem ich die mit Wasser gewaschene Asche mit Salpetersäure behandelt und die saure Lösung durch Ammoniak und kohlensaures Ammoniak gefällt hatte, die filtrirte Flüssigkeit einer Verdampfung im Platintiegel bei grösstmöglichster Wärme unterwarf. Diese Verdampfung erfordert von dem Augenblick an, wo die Salze zu gerinnen beginnen, ein stufenweise gesteigertes Feuer und ungefähr sieben oder acht Stunden, damit nichts durch Aufwallen und Aufspritzen verloren geht. Ist das Feuer nicht heftig genug gewesen, so schliessen die Salze ein wenig Salpetersäure ein, aber man kann sie sicher von derselben befreien, wenn man, während die Salze schmelzen, etwas Kohlenstaub hinzufügt.

[318] Die erwähnten Verfahren befolgte ich bei den als die genaueren bezeichneten Analysen, aber ich habe nicht immer die Asche mit kochendem Wasser behandelt, sondern sie mit ihren Salzen in Salpetersäure gelöst: dies letztere Verfahren ist kürzer und viel genauer; denn wenn die Laugen kalihaltigen phosphorsauren Kalk enthalten, ist die Filtration oder selbst nur ein genaues Decantiren fast unmöglich wegen der Zähigkeit*) der Flüssigkeit. Sie hält eine grosse Menge Kalk oder vielmehr phosphorsauren Kalk in Lösung, dessen Menge man nur bestimmen kann, wenn man die Salze in einer Säure löst und sie dann durch Ammoniak fällt. Ich werde hier die Methoden angeben, welche ich bei der Analyse der mit einer beträchtlichen Menge phosphorsauren Kalis versehenen Salze, die von phosphorsauren Erden frei sind, befolgte. Es ist überflüssig, ersteres

---

*) Die Zähigkeit der Lauge aus der Asche und ihre Gallertbildung beim Abdampfen ist ein fast sicheres Anzeichen für die Gegenwart von kalihaltigem phosphorsaurem Kalk oder kalihaltiger phosphorsaurer Magnesia; indessen kann dies Salz auch ohne dies Anzeichen vorhanden sein, wenn ein grosser Ueberschuss an Kali zugegen ist. Das phosphorsaure Kali ist an sich nicht zäh oder gelatinös, welches auch immer das Verhältniss seiner Bestandtheile sein mag; es besitzt diese Eigenschaft nur, wenn es Kalk oder Magnesia ohne Ueberschuss an Kali enthält.

in der Asche, welche mehr als ein oder zwei Hundertstel reinen oder kohlensauren Kalk enthält, zu suchen.

319] Das phosphorsaure Kali ist wohl in der Asche enthalten, welche diese Erde im grösseren Verhältniss enthält; es kommt jedoch in ihr in so geringer Menge vor, dass es vernachlässigt werden kann.

a. Ich mische die Salze mit Essig und dampfe bis fast zur Trockne ein. Der Rückstand wird mit Alkohol gemischt, welcher, indem er das Acetat löst, die grösste Menge des in der Asche enthaltenen überschüssigen Kalis aufnimmt; dies Product wird aufgehoben*).

b. Die in Alkohol unlöslichen Salze wie das phosphorsaure Kali, die salzsauren und schwefelsauren Salze und ein wenig freies Kali werden in Wasser gelöst und mit essigsaurem Kalk im Ueberschuss gemischt; dieser letztere zersetzt das phosphorsaure Kali; das Gemisch wird stark gekocht und fast bis zur Trockne eingedampft. Diesen Teig verdünnt man mit viel Wasser, man trennt ihn durch das Filter und trocknet ihn bei starker Hitze**). [320] Der Teig wird mit Essig (*c*) gemischt, bis diese Säure ihm nichts mehr entzieht. Der bei dieser Operation verbleibende unlösliche Rückstand ist reiner phosphorsaurer Kalk, der von der Zersetzung des phosphorsauren Kalis herrührt; der im Verhältniss von $100:129$ vermehrte reine phosphorsaure Kalk giebt das Gewicht der phosphorsauren Alkalien (*d*), welche in der Asche ohne überschüssiges Kali enthalten sind.

Alle essigsauren Lösungen (*a* und *c*), das Waschwasser inbegriffen, wurden zusammen bei Glühhitze eingedampft und filtrirt, dann wurden sie von Neuem bei Glühhitze eingedampft. Dieser Rückstand (*e*) wird gewogen; er enthält alles in der Asche vorkommende Kali mit Einschluss dessen, das in die Zusammensetzung des phosphorsauren Kalis eingeht, und ferner die salzsauren und schwefelsauren Alkalien. Man löst alle diese Salze lieber in Salpetersäure als in Wasser auf, weil das Kali ein wenig Kohlensäure enthält, deren Menge man aus

---

*) Vielleicht würde es genauer sein, diese erste Operation (*a*), welche durch Essig und Alkohol nur einen Theil des überschüssigen Kalis entfernt, und welche ein wenig phosphorsaures Kali entzieht, zu unterlassen. Ich wandte dies Verfahren nur an, weil es die übrige Analyse weniger beschwerlich gestaltet, und weil es viel Essigsäure und essigsauren Kalk spart.

**) Der Essig löst ein wenig phosphorsauren Kalk, wenn er nach der Fällung nicht getrocknet worden ist.

dem Gewichtsverlust des Gemenges bestimmt. Diese salpetersaure Lösung wird nach einander mit salpetersaurem Baryt und salpetersaurem Silber gefällt; das Gewicht jedes einzelnen dieser Niederschläge giebt auf Grund bekannter Berechnungen salzsaure und schwefelsaure Alkalien: [321] man zieht die Summe dieser letzteren von dem Gewogenen (e) ab oder von derjenigen Summe, welche Kali, die salzsauren und schwefelsauren Salze enthält. Die Differenz giebt das Gewicht von allem in dem phosphorsauren Kali enthaltenen Kali und von demjenigen, das im Ueberschuss vorhanden war. Nun kennt man das Gewicht des Kalis, das in die Verbindung des schon unter d angegebenen phosphorsauren Kalis eingeht. Hundert Theile des Salzes enthalten 65 Theile Kali. Demnach theilt man diesem Salze das Kali zu, welches ihm zukommt; das übrige ist das im Ueberschuss in der Asche vorhandene Kali.

Bemerkung
über die Verbindung des phosphorsauren Kalis mit dem Kalke.

Ich stellte phosphorsaures Kali dar, indem ich nach und nach auf feuchtem Wege Phosphorsäure mit Kali vereinigte, bis dies Gemenge neutralisirt war und die als Reagens angewandten Pflanzenfarben nicht mehr veränderte. Diese Verbindung trocknete ich bei Glühhitze und wog; [322] sie wurde in Wasser gelöst und durch salzsauren Kalk zersetzt. Das Gemisch wurde bis zur Trockne eingedampft und, nachdem es in Wasser gelöst worden war, filtrirt. Nach den von *Klaproth* erkannten Principien habe ich für den phosphorsauren Kalk abgeleitet, dass 100 Theile getrocknetes phosphorsaures Kali bei dem weiter oben angegebenen Sättigungsgrade enthalten

Kali 65
Phosphorsäure 35.

Um ein so zusammengesetztes phosphorsaures Kali handelt es sich bei den Ascheuanalysen; 129 Theile dieses Salzes vermögen nur 100 Theile phosphorsauren Kalk zu bilden.

Die wässerigen Lösungen des phosphorsauren Kalis sind nicht, wie man behauptet hat, zäh und gelatinös, sie gehen vielmehr leicht, selbst concentrirt, durch die engsten Filter hindurch.

Wenn man dieser Lösung das Zwanzig- oder Dreissigfache ihres Volumens an Kalkwasser zumischt, so bewahrt das Gemisch, welches löslichen kalihaltigen phosphorsauren Kalk bildet, seine Durchsichtigkeit; es erleidet scheinbar keine andere Veränderung als diejenige, zäh zu werden und nur mit äusserster Langsamkeit durch die gewöhnlichen Filter hindurchzugehen. 323) Wenn man eine weitere Menge Kalkwasser hinzufügt, beginnt ein Niederschlag sich zu bilden. Dies ist kein phosphorsaurer Kalk, es ist durch einen Ueberschuss an Erde in Wasser unlöslich gewordener kalihaltiger phosphorsaurer Kalk; wenn man denselben in Salpetersäure löst, entzieht man ihm nur den vierten Theil oder die Hälfte seines Gewichtes an phosphorsaurem Kalk. Nahezu dieselben Erscheinungen haben mit der Magnesia statt. Allein die Verbindungen dieser letzteren schienen mir weniger zäh zu sein.

Man kann die nämlichen Ergebnisse aber weniger scharf ausgeprägt erzielen, wenn man an Stelle des Kalkwassers eine Lösung von essigsaurem Kalk anwendet. Ist die Lösung verdünnt, so zersetzen die ersten Tropfen das phosphorsaure Kali nicht, oder der gebildete Niederschlag löst sich beim Umrühren der Flüssigkeit wieder auf. Diese Beobachtung beweist, dass der von *Vauquelin* in so reichlichem Maasse in den Pflanzensäften aufgefundene essigsaure Kalk dort neben dem phosphorsauren Kali vorkommen kann. Dies Salz wird von irgend einem Kalksalz nur zersetzt, wenn das Gemisch bis zur Trockne eingedampft wird; das Nämliche gilt von der Magnesia.

Die wässerige Lösung des kalihaltigen phosphorsauren Kalks wird weder von Kali, Natron, Ammoniak, noch durch Phosphorsäure getrübt, [**324**] wird aber theilweise durch alle kohlensauren Alkalien zersetzt, indem dieselben aus ihr kohlensauren Kalk niederschlagen; ebenso wirkt Oxalsäure; schliesslich wird sie theilweise beim einfachen Trocknen bei Glühhitze zersetzt. In diesem Rückstand findet man phosphorsauren Kalk, der durch einen Ueberschuss an Erde unlöslich geworden ist, und in Wasser löslichen kalihaltigen phosphorsauren Kalk, der jedoch weniger Kalk als bei der ersten Lösung enthält. Diese Erscheinung greift mehr oder weniger bei allen Aschenlaugen Platz, welche man bis zur Trockne eindampft und in Wasser löst.

Die Wirkung des Kalis auf den phosphorsauren Kalk. *Fourcroy* und *Vauquelin* haben sehr wohl gesehen (Annales de Chimie, Jahrg. XI), dass, wenn man flüssiges Kali mit phosphorsaurem Kalk kocht, sich eine sehr kleine Menge Kalk abscheidet. Aber diese der alten Ordnung der chemischen Verwandtschaften entgegengesetzte Zersetzung, wovon *Berthollet* für andere analoge Verbindungen so zahlreiche Beispiele angegeben hat, ist nicht das einzige wahrnehmbare Ergebniss dieses Versuches. Ich beobachtete, dass eine sehr grosse Menge phosphorsauren Kalks vollständig im Kali gelöst wird, und dass sich dann phosphorsaurer Kali-Kalk [potasse phosphatée de chaux. bildet. 325. Ich liess 300 Theile Kali (gelöst in ungefähr dem doppelten Gewicht Wasser) mit teigigem und durch Ammoniak frisch gefälltem phosphorsaurem Kalk eine Stunde lang kochen. Das bei Glühhitze getrocknete Phosphat wog vor dem Versuch 25 Theile. Die Abkochung wurde filtrirt. Der durch das Kali nicht gelöste Rückstand wog nicht mehr als 9 Theile; er wurde in Salpetersäure gelöst und mit Ammoniak gefällt. Der bei Glühhitze getrocknete Niederschlag wog nur 6 Theile. Die filtrirte Lösung wurde mit kohlensaurem Natron oder Ammoniak gemischt; dies Salz schied einen halben Theil kohlensauren Kalk daraus ab. Das Kali löste also in diesem Versuch drei Viertel des phosphorsauren Kalks und zersetzte wirklich nur den fünfzigsten Theil davon.

Ich erhielt fast genau dieselben Ergebnisse, als ich bei Schmelztemperatur in einem Platintiegel getrockneten phosphorsauren Kalk mit getrocknetem Kali behandelte. Das Phosphat wog 20 und das Kali 80 Theile. Das undurchsichtige Glas, welches aus diesem Gemisch hervorgeht, wurde in Wasser gelöst und filtrirt; der in dieser Flüssigkeit unlösliche Rückstand wog 12 Theile. Sie wurden in Salpetersäure gelöst und mit Ammoniak gefällt; dies schied nur $6\frac{1}{2}$ Theile phosphorsauren Kalk daraus ab.

[326] Die filtrirte Lösung wurde mit kohlensaurem Natron gefällt, das aus ihr $2\frac{1}{2}$ Theile kohlensauren Kalk abschied.

Die nach den soeben besprochenen Verfahren erhaltenen Verbindungen des überschüssigen Kalis mit phosphorsaurem Kalk unterscheiden sich durch einige Eigenschaften von der Verbindung, welche man aus der Mischung von Kalkwasser und phosphorsaurem Kali erhält.

Folgende Eigenschaften beweisen, dass das überschüssige Kali nicht unwirksam ist, und dass es mit einer sehr mächtigen Affinität auf den Kalk einwirkt. Ich sagte, dass die wässerige Lösung des kalihaltigen phosphorsauren Kalks durch Oxalate zersetzt wird. Aber der phosphorsaure Kali-Kalk potasse phosphatée de chaux' trübt sich nicht durch diese Reagentien; diese zeigen den Kalk nur an, wenn man das scheinbar überschüssige Kali sehr genau durch eine Säure sättigt. Es fehlt viel, dass die Oxalsäure selbst unter diesen Umständen allen Kalk fällt; wahrscheinlich bildet sich hier eine vierfache Verbindung. Der flüssige kalihaltige phosphorsaure Kalk oder das Gemisch von Kalkwasser und phosphorsaurem Kali wird zum Theil beim Trocknen zersetzt; aber der flüssige phosphorsaure Kali-Kalk [potasse phosphatée de chaux] wird durch diese Operation nicht merklich verändert. [**327**] Der kalihaltige phosphorsaure Kalk bildet mit Wasser eine zähe oder gelatinöse, schwer filtrirbare Lösung. Der phosphorsaure Kali-Kalk geht sehr leicht durch das Filter und bildet beim Einengen keine Gallerte.

Ende.

Tabelle

der

Veraschungen und Analysen.

Tabelle der Veraschungen.

Nummer der Veraschung	Name der Pflanzen. Zeit ihrer Ernte	Asche in 1000 Theilen der grünen Pflanze	Asche in 1000 Theilen der getrockneten Pflanze	Vegetat.-Wasser in 1000 Theilen der grün. Pflanze	Bemerkungen
1	Eichenblätter (Quercus robur) vom 10. Mai	13	53	745	Aus einem Gehölz; kiesiger und fast unfruchtbarer Boden.
2	Dieselben vom 27. September	24	55	549	Ebendasselbe.
3	Berindete Stengel oder Zweige der jungen Eiche 10. Mai	—	4	—	Ebendasselbe. Diese Stengel oder Zweige hatten ungefähr einen Durchmesser von 1 Centimeter (5 bis 6 Linien).
4	Die Rinde obiger Zweige	—	60	—	In der Rinde sind Bast und Epidermis inbegriffen.
5	Splintfreies Eichenholz	—	2	—	Es machte einen Theil eines Stammes aus, der einen Durchmesser von ungefähr 2 Decimeter (8 Zoll) hatte.
6	Splint obigen Eichenholzes	—	4	—	
7	Rinde obigen Eichenholzes	—	60	—	In der Rinde sind Bast und Epidermis inbegriffen.
8	Bast dieser Rinde	—	73	—	
9	Extract aus obigem Eichenholz	—	61	—	

Chemische Untersuchungen über die Vegetation.

Tabelle der Analysen.

Nummer der Analyse, entsprechend der Nummer der Veraschung	in Wasser lösl. Salze	phosphorsaure Erden	kohlensaure Erden	Kieselsäure	Thonerde	Metalloxyde	Verlust	Bemerkungen
1. Eichenblätter. Mai	47	24	0,12	3	weniger als 1/100 des Gewichtes der Asche		0,64	25,24	In dieser und den folgenden Analysen kommt der Verlust fast ausschliesslich auf Rechnung der in Wasser löslichen Salze.
2. Dieselben. September.	17	18,25	23	14,5	—		1,75	25,5	
3. Berindete Stengel oder Zweige von jungen Eichen. Mai	26	28,5	12,25	0,12	—		1	32,58	
4. Rinde obiger Zweige	7	4,5	63,25	0,25	—		1,75	22,75	
5. Splintfreies Eichenholz	38,6	4,5	32	2	—		2,25	20,65	
6. Splint desselben Eichenholzes	32	24	11	7,5	—		2	23,5	Die Kieselsäure war in diesem Splint vielleicht nur zufällig vorhanden; denn in jungen Eichenzweigen fand ich keine.
7. Rinde obiger Eichenstämme	7	3	66	6,5	—		2	21,5	
8. Bast dieser Rinde	7	3,75	65	0,5	—		1	22,75	
9. Extract aus obigem Eichenholz	51	—	—	—	weniger als 1/100 des Gewichtes der Asche		—	—	Eichensägespäne, eine halbe Stunde lang in destillirtem Wasser gekocht; die filtrirte Abkochung wurde bei gelinder Wärme bis zur Trockne eingedampft.

Tabelle der Veraschungen.

Nummer der Veraschung	Name der Pflanzen. Zeit ihrer Ernte	Asche in 1000 Theilen der grünen Pflanze	Asche in 1000 Theilen der getrockn. Pflanze	Vegetab.-Wasser in 1000 Theilen der grün. Pflanze	Bemerkungen
10	Humus von Eichenholz	—	41	—	
11	Extract des obigen Humus von Eichenholz	—	111	—	
12	Pappelblätter (Populus nigra) vom 26. Mai	23	66	652	Von einer Wiese, thoniger Boden.
13	Dieselben vom 12. September	41	93	565	Von demselben Zweige wie die vorstehenden Blätter.
14	Berindete Stämme obiger Pappeln vom 12. September	—	8	—	Von demselben Boden, Stamm von 2 Decimeter (8 Zoll) Durchmesser.
15	Rinde obiger Stämme	—	72	—	In der Rinde sind Bast und Epidermis inbegriffen.
16	Blätter des Haselstrauches 'Corylus avellana' 1. Mai	—	61	—	Von dem nicht bebauten Saume eines Gehölzes. Sandiger und fast unfruchtbarer Boden.
17	Dieselben; in der Kälte mit destillirtem Wasser gewaschen	—	57	—	

Tabelle der Analysen.

Nummer der Analyse, entsprechend der Nummer der Veraschung	Hundert Theile Asche enthalten							Bemerkungen
	In Wasser lösl. Salze	phosphorsaure Erden	kohlensaure Erden	Kieselsäure	Thonerde	Metalloxyde	Verlust	
10. Humus des obigen Holzes	24	10,5	10	32	1	14	8,5	Dieser fast schwarze Humus ist mehrere Fuss über dem Boden einem lebenden Eichenstamme entnommen worden; er enthielt kleine weisse Klümpchen Kieselsäure.
11. Humusextract von Eichenholz	66	—	—	—	—	—	—	Der Humus wurde eine halbe Stunde lang in destillirtem Wasser gekocht; die filtrirte Abkochung wurde bei gelinder Wärme bis zur Trockne eingedampft.
12. Pappelblätter, Mai	36	13	29	5	—	1,25	15,75	In dieser und den folgenden Analysen entfällt der Verlust fast ausschliesslich auf die in Wasser löslichen Salze.
13. Dieselben September	26	7	36	11,5	—	1,5	18	
14. Berindete Pappelstämme	26	16,75	27	3,3	—	1,5	24,5	
15. Rinde obiger Stämme. Mai	6	5,3	60	4	—	1,5	23,2	
16. Blätter des Haselstrauchs Mai	26	23,3	22	2,5	weniger als 1/100 des Gewichts der Asche	1,5	24,7	In dieser und den folgenden Analysen entfällt der Verlust fast einzig auf die in Wasser löslichen Salze.
17. Dieselben gewaschen	8,2	19,5	44,1	4		2	22,2	Die frischen Blätter sind acht Mal in kaltes destillirtes Wasser getaucht worden; bei jeder Eintauchung hielten sie sich eine Viertelstunde unter Wasser auf.

Tabelle der Veraschungen.

Nummer der Veraschung	Name der Pflanzen. Zeit ihrer Ernte	Asche in 1000 Theilen der grünen Pflanze	Asche in 1000 Theilen der getrocknet. Pflanze	Vegetat.-Wasser in 1000 Theilen der grün. Pflanze	Bemerkungen
18	Blätter vom Haselstrauche; vom 22. Juni	28	62	655	Ebendasselbe.
19	Dieselben vom 20. September	31	70	557	Ebendasselbe.
20	Berindete Zweige des obigen Haselstrauches vom 1. Mai		5		Der grösste Durchmesser dieser Zweige betrug 1 Centimeter (4 Linien)
21	Rinde obiger Zweige	—	62	—	
22	Holz vom sogenannten spanischen Maulbeerbaum (Morus nigra), getrennt vom Splint. November	—	7	—	Aus einem Gemüsegarten, thoniger Boden. Stamm von 2 Decimeter (8 Zoll) Durchmesser.
23	Splint obigen Maulbeerbaumes	—	13	—	
24	Rinde des obigen Maulbeerbaumes	—	89	—	In der Rinde sind Bast und Epidermis inbegriffen.
25	Bast obiger Rinde	—	88	—	
26	Holz der Hainbuche (Carpinus betulus), getrennt vom Splint. November	4	6	346	Von einer Wiese, thoniger Boden. Stamm von 1,6 Decimeter (6 Zoll) Durchmesser.
27	Splint obiger Hainbuche	4	7	390	Bei diesem Baume war der Splint vom Holz sehr wenig unterschieden.

Tabelle der Analysen.

Nummer der Analyse, entsprechend der Nummer der Veraschung	in Wasser lösl. Salze	phosphorsaure Erden	Kohlensaure Erden	Kieselsäure	Thonerde	Metalloxyde	Verlust	Bemerkungen
18. Blätter vom Haselstrauch. Juni.	22,7	14	29	11,3	—	1,5	21,5	
19. Dieselben. September	11	12	36	22	—	2	17	
20. Berindete Zweige des Haselstrauches	24,5	35	8	0,25	—	0,12	32,2	
21. Rinde dieser Zweige	12,5	5,5	54	0,25	—	1,75	26	
22. Holz des Maulbeerbaumes, getrennt vom Splint	21	2,25	56	0,12	—	0,25	20,38	
23. Splint dieses Maulbeerbaumes	26	27,25	24	1	—	0,25	21,5	
24. Rinde obigen Maulbeerbaumes	7	8,5	45	15,25	—	1,12	23,13	
25. Bast dieser Rinde	10	16,5	48	0,12	weniger als 1/100 des Gewichtes der Asche	1	24,38	In dieser und den folgenden Analysen entfällt der Verlust fast ausschliesslich auf die in Wasser löslichen Salze.
26. Holz der Hainbuche, getrennt vom Splint	22	23	26	0,12	—	2,25	26,63	
27. Splint dieser Hainbuche	18	36	15	1	—	1	29	

Ostwald's Klassiker. 16.

Tabelle der Veraschungen.

Nummer der Veraschung	Name der Pflanzen. Zeit der Erute	Asche in 1000 Theilen der grünen Pflanze	Asche in 1000 Theilen der getrocknet. Pflanze	Vegetat.-Wasser in 1000 Theilen der grün. Pflanze	Bemerkungen
28	Rinde obiger Hainbuche	88	134	346	In obiger Rinde sind Bast und Epidermis inbegriffen.
29	Stämme und entblätterte Zweige von der Rosskastanie (Aesculus hippocastanum) 10. Mai	—	35	—	Von einer Wiese, fruchtbarer Boden.
30	Rosskastanienblätter. 10. Mai	16	72	782	Ebendaher.
31	Dasselbe. 23. Juni	29	84	652	Von dem nämlichen Zweig.
32	Dasselbe. 27. September	31	86	636	Von dem nämlichen Zweig.
33	Blüthen der vorstehenden Rosskastanie. 10. Mai	9	71	873	Von dem nämlichen Zweig.
34	Reife Früchte von der nämlichen Rosskastanie. 5. October	12	34	647	Von dem nämlichen Zweig.
35	Blühende Erbsenpflanzen (Pisum sativum)	—	95	—	Aus einem Gemüsegarten; thonige Boden.
36	Dieselben, reife Samen tragend	—	81	—	Aus demselben Beet wie die vorhergehenden.
37	Saubohnenpflanzen (Vicia faba) vor der Blüthe. 23. Mai	16	150	895	Aus einem Gemüsegarten; thonige Boden.

Chemische Untersuchungen über die Vegetation.

Tabelle der Analysen.

Nummer der Analyse, entsprechend der Nummer der Veraschung	Hundert Theile Asche enthalten							Bemerkungen
	in Wasser lösl. Salze	phosphorsaure Erden	kohlensaure Erden	Kieselsäure	Thonerde	Metalloxyde	Verlust	
28. Rinde obiger Hainbuche	4,5	4,5	59	1,5	—	0,12	30,38	
29. Stämme und entblätterte Zweige der Rosskastanie	9,5	—	—	—	—	—	—	
30. Rosskastanienblätter. Mai	50	—	—	—	—	—	—	
31. Rosskastanienblätter. Juli	24	—	—	—	—	—	—	
32. Dasselbe. September	13,5	—	—	weniger als 1/100 des Gewichtes der Asche	—	—	—	
33. Rosskastanienblüthen. Mai	50	—	—		—	—	—	
34. Reife Früchte derselben Rosskastanie	75	10,5	—	0,75		0,5	13,25	Genauere Analyse dieser Asche: Kali 51; phosphorsaur. Kali 25; salz- u. schwefels. Alkalien 3; phosphors. Erden 12; kohlensaure Erden 0; Kieselsäure 0,5; Metalloxyde 0,25; Verlust 5,25 — 100
35. Blühende Erbsenpflanzen	49,8	17,25	6	2,3	—	1	24,65	
36. Erbsenpflanzen, reife Samen tragend	34,25	22	14	11	—	2,5	17,25	
37. Saubohnenpflanzen vor der Blüthe	55,5	14,5	3,5	1,5	—	0,5	24,50	

Tabelle der Veraschungen.

Nummer der Veraschung	Name der Pflanzen. Zeit der Ernte	Asche in 1000 Theilen der grünen Pflanze	Asche in 1000 Theilen der getrocknet. Pflanze	Vegetat.-Wasser in 1000 Theilen der grün. Pflanze	Bemerkungen
38	Dieselben während der Blüthe. 23. Juni.	20	122	876	Von demselben Zweig wie die vorhergehenden.
39	Dieselben, reife Samen tragend. 23. Juli.	—	66	—	Ebendaher.
40	Dieselben, von den reifen Samen getrennt.	—	115	—	Ebendaher.
41	Samen dieser Pflanzen	—	33	—	Ebendaher.
42	Blühende und in destillirtem Wasser gewachsene Saubohnenpflanzen, die aus obigen Pflanzen stammen	—	39	—	

Tabelle der Analysen.

Nummer der Analyse, entsprechend der Nummer der Veraschung	Hundert Theile Asche enthalten							Bemerkungen
	in Wasser lösl. Salze	phosphor- saure Erden	kohlensaure Erden	Kieselsäure	Thonerde	Metalloxyde	Verlust	
38. Dieselben, während der Blüthe	55,5	13,5	4,12	1,5	weniger als ¹/₁₀₀ des Gewichtes der Asche	0,5	24,38	Genauere Analyse dieser Asche: Einfach kohlens. Kali 57,25 salz- u. schwefels. Alkalien 12 phosphors. Erden 15 kohlensaure Erdeu 5 Kieselsäure 2 Metalloxyde 0,5 Verlust 8,25 — 100
39. Dieselb., reife Samen tragend	50	17,75	4	1,75	—	0,5	26	Die in Wasser löslichen Salze enthalten kein phosphorsaures Kali.
40. Dieselben, von den reifen Samen getrennt	42	5,75	36	1,75	—	1	12,9	Genauere Analyse dieser Asche: Einfach kohlens. Kali 31 salzsaur. Kali 14 schwefels. Kali 2 phosphors. Erden 6 kohlensaure Erden 37,5 Kieselsäure 2,75 Metalloxyde 0,75 Verlust 6 — 100
41. Samen dieser Pflanzen	—	—	—	weniger als ¹/₁₀₀ des Gewichtes der Asche	—	—	—	Analyse: Kali 22,45 phosphors. Kali 43,93 salzsaures Kali 0,9 schwefelsaur. Kali 2 phosphors. Erden 27,92 kohlensaur. Erden 0 Kieselsäure 0 Metalloxyde 0,50 Verlust 2,30 — 100
42. Blühende und in destillirtem Wasser gewachsene Saubohnenpflanzen, die aus vorstehenden Samen stammen.	—	—	—	—	—	—	—	100 Theile Asche enthalten: Kali 22,4 phosphorsaur. Kali 33,4 salz- u. schwefels. Alkalien 4,3 phosphors. Erden 30 kohlensaure Erden 0 Kieselsäur. unbest. Menge Metalloxyde 0,5 Verlust 9,4 — 100

Tabelle der Veraschungen.

Nummer der Veraschung	Name der Pflanzen. Zeit ihrer Ernte	Asche in 1000 Theilen der grünen Pflanze	Asche in 1000 Theilen der getrockn. Pflanze	V getat.-Wasser in 1000 Theilen der grün. Pflanze	Bemerkungen
43	Goldruthe (Solidago vulgaris) vor der Blüthe. 1. Mai	—	92	—	Von dem nichtbebauten Saum eines Gehölzes, sandiger Boden.
44	Dieselbe, im Begriff zu blühen. 15. Juli	—	57	—	Ebendaher.
45	Dieselben mit reifen Früchten. 20. September	—	50	—	Ebendaher.
46	Sonnenblumenpflanzen (Helianthus annuus) vom 23. Juni, einen Monat vor der Blüthe	—	147	—	Aus einem Gemüsegarten, thoniger Boden.
47	Dieselben im Beginn der Blüthe. 23. Juli.	13	137	877	Ebendaher.
48	Dieselben vom 20. September mit reifen Samen.	23	93	753	Ebendaher.
49					Aus einem fruchtbaren Felde, kiesiger Boden.
50					Ebendaher.
51	Weizenpflanzen (Triticum sativum) vom 1. Mai, einen Monat vor der Blüthe	—	79	—	Ebendaher.
52	Dieselben blühend, vom 14. Juni	16	54	699	Ebendaher.
53	Dieselben vom 28. Juli mit reifen Samen	—	33	—	Ebendaher.

Tabelle der Analysen.

Nummer der Analyse, entsprechend der Nummer der Veraschung	Hundert Theile Asche enthalten							Bemerkungen
	in Wasser lösl. Salze	phosphorsaure Erden	kohlensaure Erden	Kieselsäure	Thonerde	Metalloxyde	Verlust	
43. Goldruthe im Mai.	67,5	10,75	1,25	1,5	—		0,75	18,25	Diese Pflanzen besassen nur ihre Wurzelblätter.
44. Dieselbe im Juli	59	8,5	9,25	1,5	weniger als 1/100 des Gewichtes der Asche		0,75	21	In dieser und den folgen Analysen entfällt der Verlust fast ausschliesslich auf die in Wasser löslichen Salze.
45. Dieselben mit reifen Früchten	48	11	17,25	3,5	—		1,5	18,75	
46. Sonnenblumenpflanzen, einen Monat vor der Blüthe	63	6,7	11,56	1,5	—		0,12	16,67	
47. Dieselben im Beginn der Blüthe	61	6	12,5	1,5	—		0,12	18,78	
48. Dieselben mit reifen Samen	51,5	22,5	4	3,75	—		0,5	17,75	
49. Blühende Weizenpflanzen	43,25	12,75	0,25	32	—		0,5	12,25	Jahr 1802.
50. Dieselben mit reifen Samen	11	15	0,25	54	—		1	18,75	Dasselbe Jahr. Reichlich Samen und von schönster Qualität.
51. Weizenpflanzen, einen Monat vor der Blüthe	60	11,5	0,25	12,5	weniger als 1/100 des Gewichtes der Asche		0,25	15,5	Im Jahre 1803 von demselben Boden, wie die früheren.
52. Dieselben blühend	41	10,75	0,25	26	—		0,5	21,5	Ebendasselbe.
53. Dieselben mit reifen Samen	10	11,75	0,25	51	—		0,75	23	Geschrumpfter und wenig reichlicher Same.

Tabelle der Veraschungen.

Nummer der Veraschung	Name der Pflanzen. Zeit ihrer Ernte	Asche in 1000 Theilen der grünen Pflanze	Asche in 1000 Theilen der getrocknet. Pflanze	Vegetat.-Wasser in 1000 Theilen der grün. Pflanze	Bemerkungen
54	Stroh des obigen Weizens, getrennt von den Samen	—	43	—	
55	Ausgewählt. Samen von obigem Weizen	—	13	—	
56	Kleie	—	52	—	
57	Maispflanze (Zea Mays), 23. Juni, einen Monat vor der Blüthe	—	122	—	Aus einem Gemüsegarten, thoniger Boden.
58	Dieselben blühend, vom 23. Juli	—	81	—	Ebendaher.
59	Dieselben mit reifen Samen.	—	46	—	Ebendaher.

Chemische Untersuchungen über die Vegetation.

Tabelle der Analysen.

Nummer der Analyse, entsprechend der Nummer der Veraschung	Hundert Theile Asche enthalten							Bemerkungen
	in Wasser lösl. Salze	phosphorsaure Erden	kohlensaure Erden	Kieselsäure	Thonerde	Metalloxyde	Verlust	
4. Stroh des obigen Weizens, getrennt von den Samen	9	5	1	61,5	—	1	22,5	Genauere Analyse dieser Asche: Kali 12,5 phosphorsaur. Kali 5 salzsaures Kali 3 schwefelsaures Kali 2 phosphors. Erden 6,2 kohlensaure Erden 1 Kieselsäure 61,5 Metalloxyde 1, Verlust 7,8 ___ 100
5. Weizenkörner aus denjenigen ausgewählt, welche das vorstehende Stroh trug	21	38	—	0,5	weniger als 1/100 des Gewichtes der Asche	0,25	40,25	Genauere Analyse dieser Asche: Kali 15 phosphors. Kali 32 salzsaures Kali 0,16 schwefelsaur. Kali unwägbares Wölkchen phosphors. Erden 44,5 kohlensaure Erden 0 Kieselsäure 0,5 Metalloxyde 0,25 Verlust 7,59 ___ 100
6. Kleie	—	—	—	—	—	—	—	Kali 14 phosphorsaur. Kali 30 salzsaures Kali 0,16 schwefelsaur. Kali 0 phosphorsaur.Erden 46,5 kohlensaure Erden 0 Kieselsäure 0,5 Metalloxyde 0,25 Verlust 8,59 ___ 100
7. Maispflanzen vor der Blüthe	69	5,75	0,25	7,5	—	0,25	17,25	
8. Dieselben blühend	69	6	0,25	7,5		0,25	17	
9. Dieselben mit reifen Samen	—	—	—	—	weniger als 1/100 des Gewichtes der Asche	—	—	

Tabelle der Veraschungen.

Nummer der Veraschung	Name der Pflanzen. Zeit ihrer Ernte	Asche in 1000 Theilen der grünen Pflanze	Asche in 1000 Theilen der getrockn. Pflanze	Vegetat.-Wasser in 1000 Theilen der grün. Pflanze	Bemerkungen
60	Stengel obiger Maispflanzen, von ihren reifen Kolben getrennt	—	84	—	
61	Kolben dieser Stengel	—	16	—	
62	Samen obiger Maispflanzen	—	10	—	
63	Gerstenstroh Hordeum vulgare, getrennt von den reifen Samen	—	42	—	Von einem Felde mit kalkhaltigem Boden.
64	Samen dieses Gerstenstrohes	—	18	—	Dieser Same war so beschaffen, wie man ihn zum Säen anwendet, d. h. mit der inneren Spelze versehen.

Chemische Untersuchungen über die Vegetation.

Tabelle der Analysen.

Nummer der Analyse, entsprechend der Nummer der Veraschung	Hundert Theile Asche enthalten							Bemerkungen
	in Wasser lösl. Salze	phosphorsaure Erden	kohlensaure Erden	Kieselsäure	Thonerde	Metalloxyde	Verlust	
50. Stengel der obigen Maispflanzen, von den reifen Kolben getrennt	56	5	1	18	—	0,5	19,5	Genauere Analyse der Asche: Kali 59, phosphorsaur. Kali 9,7 salzsaures Kali 2,5 schwefelsaures Kali 1,25 phosphors. Erden 5 kohlensaure Erden 1 Kieselsäure 18 Metalloxyde 0,5 Verlust 3,05 ——— 100
51. Kolben obiger Stengel	—	—	—	—	—	—	—	
52. Samen dieser Maispflanzen	24	34	—	1	—	0,12	40,88	Genauere Analyse der Asche: Kali 14 phosphorsaur. Kali 47,5 salzsaures Kali 0,25 schwefelsaur. Kali 0,25 phosphors. Erden 36 kohlensaure Erden 0 Kieselsäure 1 Metalloxyde 0,12 Verlust 0,88 ——— 100
3. Gerstenstroh, von den reifen Samen getrennt	14	7	12,5	57	weniger als 1/100 des Gewichtes der Asche	0,5	9	Kali 16 schwefelsaur. Kali 3,5 salzsaures Kali 0,5 phosphorsaur. Erden 7,75 kohlensaure Erden 12,5 Kieselsäure 57 Metalloxyde 0,5 Verlust 2,25 ——— 100
4. Gerstensamen dieses Strohes	7	31	—	36	—	0,25	25,75	Genauere Analyse der Asche: Kali 18 phosphorsaur. Kali 9,2 schwefelsaur. Kali 1,5 salzsaures Kali 0,25 phosphors. Erden 32,5 kohlensaure Erden 0 Kieselsäure 35,5 Metalloxyde 0,25 Verlust 2,8 ——— 100

Tabelle der Veraschungen.

Nummer der Veraschung	Name der Pflanzen. Zeit ihrer Ernte	Asche in 100 Theilen der grünen Pflanze	Asche in 1000 Theilen der getrocknet. Pflanze	Vegetal.-Wasser in 1000 Theilen der grün. Pflanze	Bemerkungen
65	Gerstensamen	—	—	—	
66	Hafer	—	31	—	Dieser Same war noch mit der Spelze versehen.
67	Blätter von Rhododendron ferrugineum, auf dem Jura, einem Kalkgebirge, gewachsen. 20. Juni	—	30	—	
68	Dieselben auf dem Breven, einem Granitgebirge, gewachsen. 27. Juni	—	25	—	
69	Stengel und Zweige des auf dem Jura gewachsenen Rhododendron. 20. Juni	—	8	—	Diese, wie die folgenden Stengel waren entblättert.
70	Auf dem Breven gewachsene Stengel von Rhododendron. 27. Juni	—	—	—	

Chemische Untersuchungen über die Vegetation.

Tabelle der Analysen.

Nummer der Analyse, entsprechend der Nummer der Veraschung	\multicolumn{7}{c}{Hundert Theile Asche enthalten}	Bemerkungen
	in Wasser lösl. Salze	phosphorsaure Erden	kohlensaure Erden	Kieselsäure	Thonerde	Metalloxyde	Verlust	
65. Gerstensamen	22	22	—	21	—		0,12	29,88	Obgleich diese Samen 14 Tage vor vollständiger Reife gepflückt worden waren, waren sie doch keimfähig. Als ich die in der sauren Lösung zurückgebliebenen Salze untersuchte, fand ich, dass sie zusammen mit den 22 angegebenen Theilen 47 Theile wogen. Man muss in dieser und der vorhergehenden Analyse einen grossen Theil der Kieselsäure der Spelze zuschreiben, welche nicht entfernt worden war.
66. Hafer	1	24	—	60			0,25	14,75	Aus einer eingehenden Analyse fand ich ausser denselben Stoffen 10 Theile Kali und 5 Theile salz- u. schwefelsaure Alkalien in der Asche.
67. Blätter von Rhododendron, kalkhaltig. 20. Juni	23	14	43,25	0,75	0,12	3,25		15,63	In dieser und den folgenden Analysen entfällt der Verlust fast ausschliesslich auf die in Wasser löslichen Salze.
68. Blätter von Rhododendron, kieselhaltig. 27. Juni	21,1	16,75	16,75	2	0,12	5,75		41,53	Die Vegetation war auf dem kieselhaltigen Boden weiter zurück als auf dem kalkhaltigen. Diese Bemerkung bezieht sich gleichfalls auf alle folgenden Ernten.
69. Stengel von Rhododendron. kalkhaltig. No. 67. Juni	22,5	10	39	0,5	0,12	5,4		22,48	
70. Stengel von Rhododendron, kieselhaltig. Juni.	24	11,5	29	1	—	11		24,5	

Tabelle der Veraschungen.

Nummer der Veraschung	Name der Pflanzen. Zeit ihrer Ernte	Asche in 1000 Theilen der grünen Pflanze	Asche in 1000 Theilen der getrocknet. Pflanze	Vegetat.-Wasser in 1000 Theilen der grün. Pflanze	Bemerkungen
71	Nadeln der Tanne (Pinus Abies), auf dem Jura gewachsen. 20. Juni.	—	29	—	
72	Dieselben auf dem Breven gewachsen. 27. Juni.	—	29	—	
73	Entnadelte Tannenzweige. 20. Juni	—	15	—	
74	Heidelbeere (Vaccinium myrtillus), auf dem Jura gewachsen. 29. August.	—	26	—	
75	Dieselbe auf dem Breven gewachsen. 20. August	—	22	—	
76	Humus von Rhododendron. Kalkhaltig. Von No. 67 und 69.	—	65	—	Dieser schwarze Humus wurde einem Felsen von reinem kohlensauren Kalk entnommen, auf den keine Thiere gelangen konnten; er war allen atmosphärischen Einflüssen des freien Himmels ausgesetzt.
77	Extract dieses Humus	—	140	—	Dieser trockene, schwarze und halb durchscheinende Extract wurde durch wiederholtes Abkochen des Humus mit destillirtem Wasser dargestellt, das nach jeder Abkochung erneuert wurde. Die Abkochungen waren trübe und konnten nur mit dem Seihsack filtrirt werden, was sie nicht aufhellte.
78	Humus von Rhododendron. Kieselhaltig. No. 68 und 70.	—	620	—	Die grosse in diesem Humus enthaltene Aschenmenge rührt daher, dass er mit Sand oder mit Gneissdetritus, dem er auflag, vermischt war.
79	Extract dieses Humus	—	142	—	

Chemische Untersuchungen über die Vegetation.

Tabelle der Analysen.

Nummer der Analyse, entsprechend der Nummer der Veraschung	Hundert Theile Asche enthalten							Bemerkungen
	in Wasser lösl. Salze	phosphorsaure Erden	kohlensaure Erden	Kieselsäure	Thonerde	Metalloxyde	Verlust	
71. Tannennadeln. Kalkhaltig. Juni	16	12,27	43,5	2,5	—	1,6	24,13	
72. Tannennadeln. Kieselhaltig. Juni	15	12	29	19	—	5,5	19,5	In dieser, wie in den folgenden Analysen entfällt der Verlust fast ausschliesslich auf die in Wasser löslichen Salze.
73. Entnadelte Tannenzweige	15	—	—	—	—	—	—	
74. Heidelbeere. Kalkhaltig. 29. August	17	18	42	0,5	—	3,12	19,38	
75. Dieselbe. Kieselhaltig. 20. August	24	22	22	5	—	9,5	17,5	
76. Humus von Rhododendron. Kalkhaltig. No. 67 und 69.	0,5	6	29	28	3	18	15,5	Ich habe 12 Theile alkalische Salze in der sauren Lösung der erde- u. oxydfreien Asche gefunden. Der Verlust beträgt demnach nur 3 Theile. Dieser Humus brauste mit Säuren nicht auf.
77. Extract dieses Humus	27	16,75	21	3	0,12	3	29,13	Genauere Analyse der Asche: kohleusaures Kali 14; salzsaures Kali 23; schwefelsaur. Kali 16; phosphors. Erden 17,25; kohlensaure Erden 21,5; Kieselsäure 3,25; Thonerde 0,12; Metalloxyde 3; Verlust 1,88 — 100
78. Humus von Rhododendron. Kieselhaltig	—	—	—	—	—	—	—	
79. Extract dieses Humus	24	13	17	14	0,12	10	21,88	

Inhaltsverzeichniss.

		Seite
Fünftes Kapitel. Vom Humus	[162]	3
§ 1. Untersuchungen über die Zusammensetzung des Humus	[162]	3
§ 2. Ueber die Extractivstoffe des Humus	[168]	6
§ 3. Von den im Humus enthaltenen Salzen	[175]	9
§ 4. Ueber die Veränderungen, welche das Sauerstoffgas durch seine Berührung mit dem Humus erfährt	[177]	10
Rückblick	[184]	14
Anmerkung: Ueber die Verkohlung verschiedener vegetabilischer Substanzen	[185]	15
Tabelle der Verkohlungen	[188 u. ff.]	17
Sechstes Kapitel. Ueber das Verhalten der Pflanzen in sauerstoffgasfreien Medien	[194]	20
§ 1. Von den Pflanzen, welche im Stickgas nicht vegetiren können	[194]	20
§ 2. Von den Pflanzen, welche im Stickgas vegetiren können	[197]	22
§ 3. Von dem Verhalten der Pflanzen im Kohlenoxydgas (Hydrogène oxycarburé de Berthollet)	[205]	27
§ 4. Ueber das Verhalten der Pflanzen im Wasserstoffgas	[209]	28
§ 5. Ueber das Verhalten der Pflanzen im luftleeren Raume	[212]	29
Rückblick	[216]	31
Siebentes Kapitel. Von der Bindung und der Zersetzung des Wassers durch die Gewächse	[217]	32
§ 1. Untersuchungen über die Bindung des Wassers durch die Pflanzen, welche in atmosphärischer Luft, die frei von kohlensaurem Gas ist, vegetiren	[217]	32
§ 2. Ueber die Bindung des Wassers durch die Pflanzen, welche in einem Gemisch aus gewöhnlicher Luft und kohlensaurem Gas vegetiren	[225]	36
§ 3. Von der Zerlegung des Wassers durch die Gewächse	[228]	37
Rückblick	[236]	42
Achtes Kapitel. Von der Aufnahme der Lösungen durch die Wurzeln der Pflanzen	[240]	44
§ 1. Wasser und Luft sind als Nahrungsmittel unzureichend um die vollständige Entwicklung der Gewächse zu bewirken	[240]	44

Inhaltsverzeichniss.

	Seite
§ 2. Nehmen die Pflanzen in dem nämlichen Verhältniss wie das Wasser die in ihm gelösten Stoffe auf?.................. [247]	48
§ 3. Bevorzugen die Pflanzen bei der Aufnahme aus einer mehrere Stoffe gelöst enthaltenden Flüssigkeit bestimmte Stoffe vor den übrigen?... [253]	51
§ 4. Betrachtungen über die salzigen oder mineralischen Stoffe, welche in die Zusammensetzung der Gewächse eingehen.......... [261]	55
§ 5. Ueber die Anwendung der vorstehenden Beobachtungen auf die Erforschung der Menge von Nahrungsstoffen, welche der Humus allein den Wurzeln der Gewächse liefern kann..... [266]	58
Rückblick.................. [270]	60

Neuntes Kapitel. Untersuchungen über die Asche der Gewächse.................. [272] 61

§ 1. Ueber die von einigen Schriftstellern angestellten Beobachtungen über die Mengen Asche, welche die Gewächse liefern......... [272]	61
§ 2. Ueber das Princip, nach dem die Asche an Menge in den holzigen oder krautigen Pflanzen schwankt [274]	62
§ 3. Ueber die Zusammensetzung der Asche im Allgemeinen. Ueber den Einfluss des Bodens.. [280]	65
§ 4. Von den alkalischen Salzen in der Asche... [284]	68
§ 5. Ueber die phosphorsauren Erden in der Asche [292]	72
§ 6. Vom freien oder kohlensauren Kalk in der Asche [297]	74
§ 7. Von der Kieselsäure in der Asche...... [299]	75
§ 8. Von den Metalloxyden in der Asche..... [303]	77
§ 9. Ueber den Einfluss der Atmosphäre auf die Asche der Gewächse............ [304]	78
§ 10. Genaueres über die zur Veraschung angewandten Methoden............... [308]	80
§ 11. Näheres über das zur Analyse der Asche angewandte Verfahren............. [312]	82
Bemerkung über die Verbindung des phosphorsauren Kalis mit dem Kalk......... [321]	87
Tabellen der Veraschungen und Analysen...	91

Aus der Buchdruckerei von Didot jeune.